TEXTES FRANCAIS CLASS

General Editor: Professor R. Niklaus, B.A., Ph.D., L. ès L.

THÉRÈSE DESQUEYROUX

THÉRÈSE DESQUEYROUX

Edited with an Introduction by
CECIL JENKINS, M.A., Ph.D.
Reader in French, University of Sussex

Hodder & Stoughton

A MEMBER OF THE HODDER HEADLINE GROUP

ISBN 0 340 08041 8

First published 1964
Impression number 31 30 29 28 27 26 25 24 23 22
Year 1999 1998 1997 1996 1995 1994

Text copyright © 1927 by Éditions Bernard Grasset
Introduction and Notes copyright © 1964 C. Jenkins

Printed in Great Britain for Hodder & Stoughton Educational, a
division of Hodder Headline Plc, 338 Euston Road, London NW1
3BH by Athenæum Press Ltd, Newcastle upon Tyne.

Frontispiece

FOREWORD

THIS volume is one of a series of French texts, comprehensive in scope and catholic in taste, with subject-matter ranging from the seventeenth to the twentieth century. The series is designed to meet the needs of pupils in the sixth forms of secondary schools and also of university students reading for General or Honours degrees in French.

Editors have been invited to determine, in the light of their specialized knowledge, the right method of approach to their specific texts, and their diversity of treatment provides in itself a valuable introduction to critical method. In each case the editors have given their readers an accurate text, together with a synthesis of recent research and criticism in their chosen field of study, and a stimulating expression of personal opinion based upon their own examination of the work concerned. The introductions, therefore, are not only filled with information but are highly individual and have a vitality that should arouse the enthusiasm of the student and quicken his interest in the text.

If it be true, as Sainte-Beuve has stated, that the first duty of the critic is to learn how to read, and the second to teach others how to read, these texts should fulfil their proper function; and it is to be hoped that through their novel approach to the critical study of literature, coupled with the accurate presentation of the necessary background information, a fuller understanding of some of the great works of French literature will be achieved.

Notes have been reduced to the minimum needed for the elucidation of the text; wherever necessary, chronologies of the life and works of the authors examined are included for purposes of reference; and short bibliographies are appended as a guide to further study.

R. NIKLAUS

CONTENTS

This edition is dedicated to the
memory of
KEITH MILLWARD

INTRODUCTION

WHEN Thérèse Desqueyroux, in the knowledge that no charge will be brought against her, leaves the Palais de Justice to walk silently through the dusk between the two self-interested men who virtually ignore her presence—her ambitious, bow-legged little father with his "visage sali de bile" and the lawyer Duros with his "durs ongles noirs"—we already feel that, in the unravelling of this mystery, our sympathies must lie with Thérèse rather than with the society which these men represent. And, as we accompany her on her journey through the night towards the lonely house at Argelouse, we move at once forwards: away from this mockery of justice towards her real judgement at the hands of the husband whose false testimony has saved her; and backwards: on the more significant journey of self-discovery into the past. What is the mystery of this young woman whose lonely complicity with the fog and the fresh scents of the night stirs our compassion and seems to imply an ultimate innocence? What was the pattern latent even in the carefree days of childhood, the hidden necessity that had led her, almost unthinkingly, to attempt to poison her husband? What was this "affreux devoir", this "puissance forcenée en moi et hors de moi"? The mystery, as the story progresses, will be stripped of its contingencies; it will not be resolved. "Il y a cette indétermination", says Mauriac, "ce fait que nos actes ne nous ressemblent pas! Moi-même, je ne comprends pas pourquoi Thérèse a voulu tuer son mari."[1]

1. Mauriac's "univers catholique du mal"

It is the deep sense of destiny pervading the writings of this world-famous Catholic novelist which has largely been responsible for the controversy, at two levels, surrounding them. In the first place, the religious orthodoxy of the novels has been much debated in Church circles—in the earlier part of his career Mauriac's anguished, rather "Jansenist" view of human destiny inspired continual criticism—and the whole question of the Catholic content of the work has called forth

---

[1] Except where the source is otherwise indicated, observations by Mauriac quoted in the Introduction have been made in conversation with the editor.

separate studies such as that of R. J. North.[1] In the second place, critical opinion has been divided as to the literary value of the novels, particularly since Jean-Paul Sartre's resounding attack on the sequel to the story of Thérèse Desqueyroux, *La Fin de la Nuit* (1935), in which he rejected "le Destin qui enveloppe et dépasse le caractère" and declared provocatively that Mauriac was not a novelist at all: that another critic, Georges Hourdin, should describe the same work as "a kind of Racinian masterpiece" is indicative of the extent of this divergence.[2] The echoes of this controversy are perhaps sufficiently strong even today—for if much Mauriac criticism seems excessively lavish in its praise, certain more recent studies have been unduly dismissive—to make objective evaluation a difficult and a somewhat delicate task.

While the novel, in that it persuades essentially from the particularity of individual experience, can never adequately be viewed as the expression of a collective orthodoxy—to this extent, such terms as "the Catholic novel", "the Liberal novel" or "the Communist novel" are misnomers—it remains true that, in Mauriac, the Catholic and the artist would seem not entirely to coincide. For many years Mauriac has placed his reputation in the service of the Church and his non-fictional works largely display that acceptance of formal Catholic doctrine towards which he has constantly striven, yet he has always been uneasily aware of himself as an "écrivain instinctif" who is "moins un romancier catholique, qu'un catholique qui fait des romans". Inevitably, this is because his fiction, although it is everywhere profoundly dependent upon Christianity, is an attempt to resolve in projection the deep conflicts of private experience. "Le roman jaillissait en moi", he says today, "non pas de la partie pure, mais de la partie blessée."

The very passionate nature of Mauriac's faith, seeing the touchstone of truth in intensity of feeling rather than in theology—and coinciding in his temperament with a romantic, even faintly aristocratic strain of that individualism characteristic of some of the great French writers of his generation—already tends to short-circuit the collective forms of organized Christianity. The "Jansenist" element which so many critics

---

[1] *Le Catholicisme dans l'Œuvre de François Mauriac*, Paris, Éditions du Conquistador, 1950.

[2] Jean-Paul Sartre, "M. François Mauriac et la Liberté", *La Nouvelle Revue Française*, février 1939; reprinted in *Situations I*, Paris, Gallimard, 1947. Georges Hourdin, *Mauriac, Romancier chrétien*, Paris, Éditions du Temps présent, 1945, p. 55.

have found in his work—and which coloured the stern piety of his mother, as it colours the writings of his favourite authors, Pascal and Racine—tends even more strongly in this direction. Jansenism, named after a bishop of Ypres, Cornelius Jansen (1585-1638), was a profoundly influential reformist movement of the seventeenth century. The Jansenists, who were attacked by the Jesuits and the Crown and finally condemned as heretical by Rome, posed once again the fundamental theological problem of free will. They revived the intransigent view that the fall of man consequent upon the sin of Adam had brought about the radical corruption of human nature: a man was therefore unable, by faith or by good works, to help towards his own salvation. This approach, if it stressed the principle of God's sovereignty, seriously reduced the responsibility and the freedom of the individual. It meant that salvation, if granted to him, came independently of the extent of his moral effort as the gratuitous gift of Grace from a God operating according to an unfathomable design. The Jansenist election of souls, therefore, amounted in effect to predestination. Not only did it tend to reduce the role of the Church but it conflicted with the orthodox doctrine of sufficient grace and free will.

Today, although destiny and free will still constitute a central problem for him, Mauriac says: "mon cœur est avec les jansénistes contre les jésuites, mais en fin de compte je suis d'accord avec les jésuites." It is from the heart, however, that his imaginative work springs and it is constantly suggestive of the Jansenist emphasis on the world as a place of sin, on the corruption of human nature, the helplessness of the individual and the "miraculous" character of Grâce. And inevitably, in a world where the light falls less on the Christian view of good than on the Christian view of evil, and less on the humanity of man than on the loss of his divinity, where the ambiguity of experience is expressive of the unreality of exile, the representative hero is, necessarily, not the "average Christian" pursuing good works, but the lonely sinner living out his tragic allegory. "Grâce à un certain don d'atmosphère", writes Mauriac, in connection with the "sulphurous light" in which his novels are bathed, "j'essaye de rendre sensible, tangible, odorant, l'univers catholique du mal. Ce pécheur dont les théologiens nous donnent une idée abstraite, je l'incarne."[1]

Yet the plight of the sinner-hero, in that he displays something of the Jansenist helplessness, often seems pathetic rather than strictly

[1] *Journal* II, p. 110.

tragic. He is seen as living in a modern world essentially sinful in its materialism, as being imprisoned within the destiny of heredity and environment, as being unable to change. In the face of the wiles of the Devil or of Grace, he is impotent. Describing Evil stalking its prey through "that state of innocence already pregnant with the sin to come", Mauriac writes: "Rien ne paraît au dehors; nous sommes assis, fumant, feuilletant un livre; et notre âme, à l'insu de tous, tombe foudroyée, morte."[1] The approach of God is also that of the silent hunter, lying in wait for the unwary soul: "Dieu est patient: il sait où tendre le collet qui étranglera la bête."[2] The individual tends to become the passive victim, the battlefield for a cosmic struggle between Good and Evil which transcends his conscious personality and its field of moral action. The Jansenist element in Mauriac, however, obviously does not derive from a theological dispute of the seventeenth century. If Racine and Pascal influenced him so strongly, it is because they mirrored and justified the intuitive view that sprang from his own experience; if his mother's attitude marked him so profoundly, it is because hers was the decisive stamp upon his life at the emotional level. The dark aspect of Mauriac's vision comes essentially from the overriding emotional dilemma—and from the failure to resolve it within the relative terms of the world—which provides him with his central theme: human love.

It is the failure of love which, in *Thérèse Desqueyroux* as in so many other works, precipitates the drama. This failure is felt to be inscribed not only in experience but in a tragic ambiguity informing love between the sexes. Initially, for Mauriac, love meant the spiritual purity associated with the love of his widowed mother and of God; passionate love was felt to be alien, a monstrous descent into instinct that implied the dispossession of the higher self, a threat to emotional security as to spiritual identity. The novels, indeed, reveal an almost Manichean sense that the flesh, as opposed to spirit, is total corruption and that the evil in the world expresses itself essentially in concupiscence: "je m'intéressais à la passion", says Mauriac, "en tant qu'elle est péché." Yet love emerges as the human aspiration *par excellence*, concupiscence as the central obsession of a sinful world, lust as the haunting message

---

[1] *Souffrances et Bonheur du Chrétien* p. 157, in *Dieu et Mammon* (a convenient collection in one volume of the texts *Dieu et Mammon, Souffrances et Bonheur du Chrétien, La Vie et la Mort d'un Poète, Les Maisons fugitives* and *Hiver*), Paris, Grasset, 1958.
[2] *Souffrances et Bonheur du Chrétien*, loc. cit., p. 103.

of the perfidious beauty of fallen Nature: passion is sin, but passion is inescapable. In the first phase of the work, as in *Genitrix* (1923) and *Le Désert de l'Amour* (1925), this poignant conflict is obliquely and somewhat romantically resolved by the formulation that each human love, in that it is a reflection of "l'unique Amour", is an intermediate term, a pathetic allegory of a higher love. Gradually, however, the opposition between passion and religion is sharpened until, in the theoretical writings of the late 'twenties, it becomes absolute: "Tout amour humain forme bloc, se dresse contre l'unique Amour..."[1] For love is seen to involve, not only the flesh but the soul that belongs to an all-exacting God: it becomes, not simply a tragic deviation, but a denial of God.

Human love is thus imprisoned within an insoluble dilemma. On the one hand, the novels show the failure of love at the level of experience; the relationship of the couple is one of dissatisfaction, degradation and mutual torment: "les amants ne se connaissent qu'au mal qu'ils se font, qu'aux coups qu'ils se donnent."[2] This failure is held to demonstrate the vanity of seeking the spiritual in the carnal, the eternal in the ephemeral. On the other hand, the very view that love is vain, and passion sinful, would seem to necessitate the failure at the level of experience; love is thus confined within a vicious circle. The Church's answer to this problem is the sacrament of marriage. Yet marriage—if used rather unconvincingly as a formal dénouement in the earliest novels —is not presented as a spiritually high state, nor is it shown to be capable of assuaging passion or maintaining love. The one successful marriage that lingers in the mind—that of the Puybaraud couple in *La Pharisienne* (1941)—owes its pathetically brief happiness to the sharing of suffering and appears to call forth little admiration from the narrator. Significantly, it is the same narrator who tells us: "J'ai peu changé sur ce point: je crois que tout le malheur des hommes vient de ne pouvoir demeurer chastes" (p. 176). To opt completely out of this central field of human experience appears, in the end, to be the only solution, perhaps the only Christian solution: the final answer to the "cancer" of passion would seem to be total renunciation, the annihilation of self and the quest, above the conflict of human relationships, for union with God.

This starkly fundamentalist view of the human situation sets the boundaries of Mauriac's work. The concentration on the vertical drama

---

[1] *Dieu et Mammon*, loc. cit., p. 41.   [2] *Journal* I, p. 76.

of salvation leads to a certain monotony of tone and of situation. The dependence, in depicting the conflict between passion and religion, upon the emotional context in which it took shape restricts him essentially to a particular provincial locale. The Paris of this writer, who has lived in Paris for most of his life, is somewhat unreal, often little more than an *image d'Épinal* of the City of Sin; reality, in Mauriac, is a function of the burning sun and the sighing pines of the Landes, of the gloomy middle-class houses of the Bordeaux of his adolescence seventy years ago. And within this dependence there lies another dependence. The insistence on passion leads naturally to what one critic has called a "myth of youth",[1] to a romantically determinist election of the suffering young, as of those of any age whose suffering is felt to keep them young—the old and the average, in love as in religion, tend to be cruelly handled. Mauriac's world is not the great world. And yet, if his vein is narrow and if his harsh view of humanity sometimes suggests an immaturity of vision, the passion and the search for sincerity behind the work are great and Mauriac, within his limits, is a very considerable artist. It is true that on occasion—when he is falling back upon accidents and external contingencies as in the earliest novels, or blackening the world and humbling his heroes in order to compel their submission, or writing apostrophically and self-consciously from outside his characters as in some of the later novels—Mauriac's dark art of destiny can become melodramatic, even absurd. Yet it is also true that when, as in *Thérèse Desqueyroux*, destiny is realised in hard psychological and circumstantial terms and, above all, realised poetically through Mauriac's great gift for sensuous and symbolical suggestion, it can inspire writing at once powerful and beautiful.

2. *The Place of "Thérèse Desqueyroux" in Mauriac's Work*

The Grand Prix du Roman for *Le Désert de l'Amour* in 1925, an early election to the Academy in 1933, the Nobel Prize for Literature in 1952: Mauriac's career, on the surface, has been the easy and glorious one that Maurice Barrès had so early predicted for him. Indeed, through his articles over the past thirty years—in *L'Écho de Paris*, *Le Figaro* and, until recently, *L'Express*—Mauriac has often been a controversial public figure. An independent commentator, directing his irony now towards the Left and now towards the Right, he went against majority

[1] See Alain Palante, *Mauriac, le Roman et la Vie*, Paris, Le Portulan, 1946.

Catholic opinion in opposing General Franco in the late 'thirties, he
supported the Resistance and, in the 'fifties, he followed a liberal line
on France's colonial problems, although he consistently supported the
Gaullist régime after 1958. Yet, while Mauriac's career as man of letters
in the French manner has been spectacularly successful, his career as
artist has often been difficult.

"Tout drame inventé", he has written, "reflète un drame qui ne
s'invente pas."[1] Paradoxically, however, profound self-expression in
the novel demands the freedom given by mastery of the discipline of
objective presentation. If the early semi-autobiographical novels up to
Préséances (1921) already display the central conflict between passion
and religion, the typical story-pattern of temptation and renunciation,
and the attack on the *bourgeoisie* of Bordeaux, it is only with the mature
cycle of novels extending from *Le Baiser au Lépreux* (1922) to *Destins*
(1928) that Mauriac comes forcefully to project his own drama. It is
this central and most fruitful phase of his work which will at once
establish his fame and confront him with the problem of the responsibility of the artist.

He is now concerned with the various expressions of love in middle-
class provincial life and within the broad context of the Catholic
society. *Le Baiser au Lépreux* is a cruel account of the failure, due to
the ugliness of the hero, of a marriage arranged by family and priest.
Genitrix (1923) is a haunting story of a mother driven by possessive
love to fossilize her ageing son within a childish dependence and,
finally, to destroy three lives. *Le Désert de l'Amour* (1925), perhaps
Mauriac's richest novel, shows us the ambivalent Maria Cross exerting
her attraction at two distinct levels upon a Bordeaux doctor and his
son, thus uniting them—as nothing in their barren family life had
united them—in a common suffering. *Thérèse Desqueyroux* (1927) gives
us the revolt of the young woman deprived of love, while in the following
year *Destins*, which is in some sense its "twin" novel, presents the
breakdown of the scrupulous middle-aged woman confronted with
passion, together with a caustic portrait of her pious, interfering son.
The violence of these themes, however, produced a sharp reaction
from Catholic commentators who, although they recognized the
writer's merits, saw the work as morbid, pessimistic and potentially
pernicious. For this reason Mauriac decided with some resentment,
midway through this period, to cease to write formally as a Catholic

[1] *Journal* III, p. 156.

novelist and to aim rather at a straightforward rendering of the world, persuaded as he was that this in itself would necessarily constitute "une apologie indirecte du christianisme".[1] Artistically, this restriction proved to be a blessing in disguise in that it forced him to subordinate himself more fully to his creation, to realize his situations in more concrete terms and to establish his characters, without the aid of external comment, through a more complex psychological analysis. Two of the works written in this spirit, *Le Désert de l'Amour* and *Thérèse Desqueyroux*, must surely rank, together with the earlier *Genitrix*, as Mauriac's greatest novels: he here achieves an intense expression of his own drama at an almost mythical level of projection.

In 1928, however, the dilemma hardening slowly with the progress of these novels and already crystallized by a crisis in his intimate relationships, burst into the open with *Souffrances du Chrétien*. Although still writing as a Catholic, Mauriac now declared that Christianity, in that it made no allowance for the flesh, was not a practicable religion. It was at this time also that André Gide, by suggesting that the novels showed a certain connivance with the sin which they were written to denounce, called in question the moral influence of his work. Mauriac thus found himself—as man, as Catholic and as writer—at the turning-point of his career. For some months he struggled with these problems and then, early in 1929, published a "retraction": *Bonheur du Chrétien*, in which, while the actual content of his thought has perhaps not basically altered, he now expresses "l'émerveillement d'une âme en un seul jour pacifiée".[2] He adjusted his private life, he made a determined effort to deepen his faith and he attempted to improve the moral view behind his writing by improving himself, by "purifying the source". It is this public renewal of his faith which was to be seen by many as the starting-point of his greatness as a Catholic novelist.

Today, the advantage of greater perspective makes it possible to support the view of certain more recent critics that this was rather the starting-point of a gradual decline in Mauriac's work; indeed it was largely a sense that he had failed in his mission as a Catholic novelist, though not necessarily as a novelist, which led him in 1937, with *Asmodée*, to seek renewal in the theatre. This decline is governed by two factors. In the first place, the internal necessity dictating the work

[1] Préface to *Trois Récits*, p. xiv.
[2] This is the phrase used by Mauriac in his preface of 1931 to the collected *Souffrances et Bonheur du Chrétien* (loc. cit., p. 92).

has slackened. If Mauriac in 1931, in his preface to the collected *Souffrances et Bonheur du Chrétien*, writes of the peace that has come to him now that "le ténébreux orage de l'adolescence et de la jeunesse" has finally been left behind,[1] it was precisely this dark storm which had brought forth his imaginative work so far. In the second place, now that he is seeking to express his newly won, more orthodox view of life and to place his talent more directly in the service of his faith, Mauriac, conscious as he is of his responsibility to render the conversion of the sinner-hero more convincing and to show greater charity towards the "pharisees," tends to be inhibited by his awareness of his public. Although he tried to maintain his overall conception of his art, he imposed certain restrictions upon himself: banning certain subjects from his work, underplaying the sensuously collusive role of nature and avoiding passionate descriptions. For the "instinctive writer" so to clip his wings as an artist was to court the danger of a sterilizing self-consciousness and Mauriac himself today recognizes that this "mauvaise conscience" about his work caused him to spoil some of the later novels. Much of the writing, of course, continues to be of the highest quality, but there is now a certain slackness, a growing trend towards abstraction, a lack of central persuasion.

Even in what are widely recognized to be the best of the later works, something of this hollowness is discernible. In *Le Nœud de Vipères* (1932), in many respects an excellent novel, it is as yet perhaps due to a defect of presentation, in that the story of Louis is told in the first person. If Louis is not finally convincing as a character, it would seem to be because his rare psychological acumen and his sincerity, while they may be necessary to carry the story and to motivate his salvation, are hardly compatible with his earlier lack of understanding or, indeed, with the naïveté of his avarice as he himself presents them. In *Le Mystère Frontenac* (1933), it has become the hollowness of sentimentality in that the burden of the novel is carried by the meditative and lyrical passages rather than by concrete situations or by the attitude of Yves. While this work may well seem moving, within the context of Mauriac's development and of his grave illness of the previous year, as the symbolical return of the "prodigal son" to the warmth and to the values of his middle-class provincial childhood, the ultimately moving element is perhaps the underlying despair from which the sentimentality is felt to spring—mirrored by the intuition of Jean-Louis that the writing of his

---

[1] *Souffrances et Bonheur du Chrétien*, loc. cit., p. 95.

brother Yves "ne serait jamais que l'expression d'un désespoir" (p. 287). With the later *La Pharisienne* (1941), we have a hollowness of another kind. Mauriac's handling of the hypocritical and bigoted Brigitte Pian is often excellent, but her final transformation is too hastily contrived—and the attractive Abbé Calou too ineffectual a figure—seriously to counterbalance the ruthlessness of the portrait. Since the narrator as a boy is far from engaging and rather uncharitable as a commentator, the reader, deprived of an adequate point of view, may find the work almost gratuitously depressing.

The decline in quality is here most appropriately seen, however, in terms of the continuations of the story of Thérèse Desqueyroux. The short stories—*Thérèse chez le Docteur* (1933), with its rather naïve portrait of a "humanist" psychiatrist, and *Thérèse à l'Hôtel* (1933), with its exalted adolescent—are disconcertingly reminiscent at moments of the pious novelette. The novel in which Mauriac seeks to bring Thérèse towards her conversion, *La Fin de la Nuit* (1935), does not diminish this embarrassment, although it contains pieces of good writing. The considerable debate which has been called forth by Sartre's systematic and provocative attack on this novel in his article of 1939 cannot be prolonged here, but in the end it is clear, as Mauriac himself generously grants, that Sartre was right: "oui, la critique de Sartre, dans l'ensemble, aujourd'hui je l'admets." And indeed, the writer's constant intrusion into the action with evaluative comment tends to destroy the fictional reality which he is trying to establish, while the central symbolical gesture by which Thérèse draws back a lock of hair, in order that her daughter's *fiancé* may recoil in horror at the sight of her ravaged brow and thus escape her evil fascination, would seem to belong rather to the operatic mode of persuasion.

This failure of realization within the terms of the genre, however, is merely symptomatic of the fact that the novel is concerned not so much with people as with a problem; indeed, the reduction of the mysterious situation of destiny to the mere idea of destiny makes it difficult to believe that we are dealing with the same Thérèse. Thérèse was a person: this Thérèse, in that she is *given* as a "monster", is a deduction; Thérèse's situation was interesting in that it admitted of explanation at several levels: here there is the stated monolithic explanation of diabolic possession; in the earlier novel we had psychological penetration: here we appear to have a melodramatic psycho-theology. The reason for this failure is indicated by the writer himself in the preface, where he makes a point of telling the reader that his heroine is "le témoin d'une inquiétude dépassée". In 1927 Mauriac was writing, through his "dark storm", for himself: in 1935, one feels, he is a famous Member of the Academy reviving a ghost for an established audience.

Thérèse Desqueyroux then is one of Mauriac's best novels and, indeed, it has been selected by an imposing panel of French literary figures as "l'un des douze meilleurs romans du demi-siècle".[1] What makes it even more valuable as an introduction to his work, however, is the fact that, being in some sense Mauriac's *Phèdre* and involving, as it does, the central figure in his writing, it is possibly his most characteristic novel. "*Thérèse Desqueyroux*", says Mauriac today, "est probablement le plus représentatif de mes romans...."

It is representative in a precise sense.

3. *The Growth of the Novel*

Le tragique de Bordeaux...

The story of the growth in Mauriac's mind of *Thérèse Desqueyroux* begins in Bordeaux, the city from which, if he left for Paris at the age of twenty-one in 1906, he was never perhaps to escape spiritually. "L'histoire de Bordeaux", he has written, "est l'histoire de mon corps et de mon âme...."

"Le tragique de Bordeaux", he continues, "tient pour moi dans ce drame que j'y ai vécu: une prodigieuse vie individuelle refoulée, sans expression, sans épanouissement possible."[2] And, indeed, it is the sense of non-recognition that had driven him to pinch his cheeks in front of a mirror and repeat passionately "moi! moi! moi!", developing into the conviction that he could not preserve his identity within the "rat-trap" of this narrow society, which is ultimately the drive behind the creation of Thérèse. "J'avais été moi-même dans cette cage", he says today, "cette cage de la famille, de ce petit milieu où la lettre tuait l'esprit!" Yet the dramatic impact of Mauriac's early life was such that escape, even at the vicarious level, through Thérèse, was not to be easy.

The truth is not that Mauriac's childhood was unhappy, but rather that his warm-hearted, sternly devout mother rendered it almost too

---

[1] This literary "jury" comprised the following: Colette, Édouard Herriot, Henri Mondor, Marcel Pagnol, Francis Carco, Albert Sarraut, Pierre Brisson, Julien Cain, Jacques Jaujard, Louis Joxe, Jean Paulhan and Paul Guth.

[2] *Commencements d'une Vie*, in *Écrits intimes*, p. 50.

happy, with an exaltation not easily to be superseded or even equalled in the larger world of experience; he will still say with a smile: "je fais seulement semblant d'avoir mûri." It is true that the early loss of his free-thinking father gave this frail, timid boy a sense of insecurity, and that he felt himself, as the result of an accident to an eyelid, to be ugly and hence the eternal victim of teachers and classmates; but all this became unreal in the presence of his mother. Everything she touched was imbued with the sanctity of her own perfection: separation from her was unendurable. She was a world in herself, the incarnation of truth at all levels, at once the vehicle of the divine and both mother and father to this fatherless boy: mother in that her love provided a total refuge, father in that this very love was fused with the idea of a hard duty sanctioned by the terrible authority of an inscrutable God. In this household where the children went to sleep with their arms folded in the shape of a cross, the young Mauriac learnt the love and the terror—combined at certain moments in church in "une terreur amoureuse"[1]—which were to becomes the poles of his sensibility. With this intensity the world outside, for all its rigours, could not compete. Mauriac's mother exerted great emotional authority over him long after he had left Bordeaux and, inevitably, she lingers behind the work as something of a controlling presence, a diffusing prism, colouring the idea of woman and defining the nature of love: Yves Frontenac's emotional bondage to the memory of mother love will be such as to drive him instinctively to probe the imperfection of any other love. In what one critic has called the "matrocentric world" of Mauriac's novels,[2] where the father is often physically or morally absent, the Mother presides as the central—and sometimes, as in *Genitrix*, centrally destructive—divinity. In childhood, however, this divinity was the unchallenged source of joy.

It was when adolescence prompted Mauriac to look beyond this secure harbour that the components of his "secret drama" became painfully clear:

passions dont les moins exigeantes n'étaient pas l'amour de Dieu ni ce désir fou de pureté et de perfection intérieure, — orgueil et honte d'être si différent, si indéchiffrable, — timidité désespérée de l'adole-

---

[1] *Commencements d'une Vie*, loc. cit. p. 24.
[2] See Donat O'Donnell, "François Mauriac: The Secret Door", in *Maria Cross*, London, Chatto & Windus, 1954.

INTRODUCTION

scent qui a le sentiment de sa valeur presque infinie, mais qui découvre dans le même temps que cette valeur, parmi les hommes, n'a pas cours.[1]

For he now discovered his fellow-citizens almost as another species. The presumably innocuous, if somewhat snobbish activities of his young contemporaries at the Club Primrose seemed laden with mystery, while the fact that the Bordeaux carnival traditionally took place on Ash Wednesday meant for him the horror of the knowledge that every one of its masked participants was ritually endangering his immortal soul. If the Bordeaux of the novels is a private, a "mystical" Bordeaux, it is essentially because Mauriac at this time saw the whole city in terms of his own obsessional personal conflict, because the mystery of experience merged in his eyes with the mystery of sin. Bordeaux defeated him. He knew that he could only express himself in this society by coming to terms with it, yet he felt that adaptation meant total self-betrayal. A phase of rebellion at the age of sixteen served only to drive home the knowledge that there was no escape from this vertical, internal struggle between sin and Grace which seemed to deny him all hope of fulfilling his personality within the very relative terms of the world around him. Already brought face to face with that sense of personal destiny which has never left him, Mauriac felt painfully that, if Bordeaux could not accept him, neither could he accept Bordeaux. There was no way out of the "trap".

And yet there was, perhaps, an oblique way: by asserting his individuality against this society at a transcendent level, for Mauriac already glimpsed the hope of building for himself, through his writing, a "raft" that might prevent him from foundering upon the dark waters of life. And the stern lucidity with which he stalked the slightest sign of sin within himself he now turned cruelly outwards, upon the respectable, wealthy, largely Catholic, middle-class milieu in which he felt a prisoner. Beneath the calm surface of life in these respectable families, he divined smouldering hatreds and smothered scandals; beneath the mask of the devout he discerned the face of the pharisee. In the very churches serving this community he saw a symbolical opposition. On his way home from the Faculté des Lettres, he would often seek refuge beneath the bare vault of the Cathedral—if he were laughed at for talking to himself in the Jardin Public, he had the right to talk to himself in the Cathedral: in prayer. And he contrasts this

[1] *Commencements d'une Vie*, loc. cit., p. 49.

with the elegant, comfortable, fashionable Notre-Dame, the church of those other Christians:

> cette sainte classe moyenne, soucieuse de ne négliger aucun secours, de ne dédaigner aucune promesse, de ne courir aucun risque inutile, fût-il d'ordre métaphysique; race prudente, circonspecte, sage, dont toutes les polices d'assurances sont en règle pour le temps et pour l'éternité.[1]

Mauriac, in his "Province pharisienne", had already found his reason for writing and exteriorized his inner conflict.

And it is not difficult to imagine the curiosity which prompted him, just before he left for Paris in 1906, to attend the very spectacular trial of one of the leading lights of Bordeaux society: Madame Blanche-Henriette Canaby.

The Canaby Case

"L'histoire", boomed *La France de Bordeaux et du Sud Ouest*, "est pleine de drames sombres et mystérieux: un nouveau s'ajoute à la liste fatale."[2] Accordingly, for the four days of the trial which began before the Cour d'Assises on Friday, May 25th, 1906, the gloomy, stifling courtroom was thronged. Even on the sweltering Sunday afternoon a host of elegant ladies, forgetful of the delights of Royan or Arcachon, fanned themselves hopefully in the queue outside. This very understandable interest in the trial for attempted murder of a lady prominent in the artistic circles of the city was sharpened by the suspicion that, in the detached and ironical view of the Paris correspondents, it was the polite society of Bordeaux itself which was on trial before the country.

Certainly, by Paris standards, Madame Canaby's reputation as an intellectual was surprising. Interested in amateur singing and painting, she had also won a newspaper poetry competition with a sonnet describing daybreak over Bordeaux in such lines as:

[1] *Commencements d'une Vie*, loc. cit., p. 56.

[2] *La France de Bordeaux et du Sud Ouest*, 26 mai, 1906, p. 1. This account is based largely on the reports given before and during the trial by the Paris and Bordeaux newspapers. Mauriac's own recollection of the case differs in one respect. While no such suggestion emerges from the available sources—and the spectacular nature of the case led to very full and, in the case of some Paris newspapers, very frank reporting—Mauriac perceived a Lesbian tendency in Madame Canaby and accordingly introduced this element discreetly into his novel.

Et se mirant au fil de sa rivière blonde,
Bordeaux se débarbouille au rayon qui l'inonde...

Yet if Madame Canaby's activities suggest the provincial cultural aspirations of a Madame Bovary, the fact remains that in this restricted society she was held in considerable esteem. She was indeed, like Thérèse herself, a woman of some intelligence and refinement who, although not beautiful—she was sharp of feature and rather thin-lipped—was found to possess great charm. Moreover, she was devoted to her two daughters and scrupulous in the management of her home. Her husband, a reasonably prosperous wine buyer, was not considered to match his wife in intelligence, but he was a handsome, pleasant man and the Canabys presented the picture of a happy and respectable couple. The ultimate seal of respectability was conferred upon the household by the presence of Madame Canaby *mère* who, if her testimony at the trial failed notably to coincide with a solid body of established evidence, appears to have left the stand with her reputation as "une sainte femme" and even "une belle-mère sublime" completely unscathed. The rumours about the Canabys began to circulate only after the return to Bordeaux of Monsieur Pierre Rabot. . . .

Rabot, described by *Le Figaro* as "petit, nerveux, maigre, sec, froid, d'un air énergique, aspect d'un lieutenant d'infanterie coloniale en bourgeois", was a wealthy bachelor who devoted his considerable leisure to the pursuit of the Muse. Although he remained aloof from local society—and was for this reason condemned as a "Parisian" and a snob—he renewed his acquaintance with Madame Canaby, whom he had known before her marriage, and became a very regular visitor to the Canaby house in the Quai des Chartrons. It was Monsieur Canaby's constant practice to refer to him as his old friend (although he addressed his old friend in a number of letters by the not particularly friendly form of "Mon cher monsieur") and Rabot soon became as one of the family, lending sums of money on several occasions and taking Madame Canaby and her daughters for short trips to the Pyrenees. While the resultant rumours perhaps did less than justice to the relationship between Madame Canaby and the apparently ingenuous Rabot, they certainly provided a rich backcloth for the illness of Émile Canaby, which began with dramatic suddenness after he had imbibed his morning chocolate on April 4th, 1905.

What motive might have inspired Madame Canaby to poison her husband? It might have been love of the more cultivated Rabot; it might also, as certain eloquent facts suggested, have been love of the more cultivated Rabot's money. At all events, the circumstantial case that emerged at the trial was overwhelming. Although she had constantly made light of her husband's worsening condition, Madame Canaby had not allowed his friends to see him. She had failed to observe the doctor's instructions and she had explained the disappearance of bottles of Fowler's solution to three doctors, who had been alerted by an anonymous letter, in terms which were later vindicated neither by the servants nor by the medical experts. When, at length, the discovery came that four forged prescriptions issued in the name of Dr. Gaube had enabled her to acquire a sufficient stock of varied poisons to eliminate an army of husbands, it persuaded a rapidly expanding panel of doctors to order Canaby's discreet removal to a private nursing home; whereupon she protested with the utmost bitterness. When Canaby lay at the point of death in the nursing home, she went to the country with Rabot. At the preliminary investigation, she offered a far-fetched explanation of the forged prescriptions which involved Dr. Gaube and which he at once denied; she also displayed extensive amateur knowledge of the chemistry of poisons and told a number of proven lies, notably about her husband's income and about Rabot's investments. And, at the Cour d'Assises of Bordeaux, Madame Canaby was . . . acquitted.

On the charge of forgery, since the handwriting experts were firm, she was convicted, but in respect of the major charge she was saved. At the formal level, she was saved by the prudence of some of the medical experts, who were well aware that this constituted an important test-case. They were agreed as to the arsenic poisoning, but Canaby himself maintained that his illness was the result not of a massive dose administered over a short period, but of the cumulative effect of the Fowler's solution which he claimed to have been taking regularly as medicine over the previous twenty-five years. Although this was deemed to be improbable and although Canaby's claim had not in fact been borne out by his own doctor at the preliminary investigation, one of the toxicologists stubbornly maintained the view—not, perhaps, in view of Émile Canaby's lucky escape from death, very happily expressed—that only an autopsy could settle the issue. Essentially, however, Madame Canaby was saved by what, in the eyes of some of the Paris correspondents, amounted to a conspiracy of silence.

Her position in this community appeared to predispose the court in her favour. The embarrassed and curiously excitable Président was perhaps, as *Le Matin* asserted, unduly lenient, while the Procureur-Général himself was not unsympathetic. The local doctors, who had previously let slip some damning remarks, now upheld their right to withdraw behind the veil of professional secrecy and refused to comment; Dr. Gaube, who had initiated the proceedings, pleaded that he had felt obliged to clear his own name but expressed regret for having caused a scandal. Madame Canaby's father, her mother-in-law and Rabot, who now rather unhappily retracted some of his earlier statements, appeared in turn to maintain, in the face of the evidence of servants and friends, that the home had been a model one and Madame Canaby a model wife. The great moment came, however, when Canaby himself appeared, walking with ill-concealed difficulty to the witness-stand. In a brief, almost biting statement he denied the doctors' formal opinion that he had been paralysed in the legs, denied the whole episode of the morning chocolate, denied the testimony of his servants and his friends, denied *en bloc* the damaging remarks attributed to him, maintained his description of his marriage as "une succession de lunes de miel", and turned, without having once glanced at his wife, to leave the stand. She called: "Émile!", but he went on. She called a second time: he paused, turned, looked at her, nodded curtly and hobbled painfully from the courtroom. And if, towards the end of his heavily sentimental and sophistical *plaidoirie*, Maître Peyrecave put his finger on the real issue at stake, one wonders what feelings were aroused in Émile Canaby by this eloquent passage:

> La société veut une condamnation: la société, qu'est-ce donc, sinon l'ensemble des familles? Et quand un chef de famille qu'on nous présente comme la victime d'un crime vient nous dire qu'il ne croit pas à ce crime, qu'une condamnation ruinerait son honneur et son foyer, qu'il aime celle qu'on accuse d'avoir attenté à sa vie et qu'elle est innocente, est-ce votre droit d'avoir une autre conception de son intérêt? Pouvez-vous ne point partager sa foi?!

The real suspense for this elegant audience lay, perhaps, not in waiting to see whether Madame Canaby was guilty, for the gossip was such that many of them must have been convinced that she was guilty, but in the more sophisticated game of waiting to see whether the façade of appearances, however brittle, would crack. "Tous ces raisonnements qui côtoient la faribole", complained *L'Intransigeant*, "n'en aboutissent pas moins à un acquittement", while *Le Figaro* was moved to observe acidly that husbands did not appear to be fetching a high price that year in Bordeaux. Certainly, in the case of Justice versus the Honour of the Family, Justice would not seem to have won.

This was the trial which provided Mauriac with the external justification for the novel which he was to write twenty years later, as it obviously provided him with his situation, even down to the physical appearance of Thérèse, the medical details and the brief mention of Maître Peyrecave. What is significant, however, is Mauriac's approach. Another writer might have given us a courtroom drama, but Mauriac hushes up the case before it reaches the Assizes in order to fasten upon the real drama: that of three people bound together by the reality of the situation which had distilled itself into a certain bowl of chocolate, and by the perhaps crueller reality of the fiction within which, even after Justice had pronounced, they felt forced to live. And another writer might have given us an edifying or a detached novel from the standpoint of the victim or of society; yet it was perhaps inevitable that Mauriac, as the novel matured in his mind in the late 'twenties, should feel his way instinctively into the part of the poisoner whose act of quiet passion momentarily disturbs, even if it can never shatter, the implacable calm of a smug community.

"Le Cas Mauriac"

That Mauriac, exactly twenty years after the trial in Bordeaux, should have chosen to identify himself with the poisoner of *Thérèse Desqueyroux* is no mere accident of a literary career; the moment of revolt for Thérèse was the moment of revolt for Mauriac himself.

Today, in his eighties, Mauriac suggests an impressive serenity, an expectant happiness. The anguish, therefore, which enters his voice at the memory of the great "moment du choix" of the late 'twenties—"j'ai trouvé un prêtre, un juif converti, un prêtre terrible: c'était atroce!"—conveys all the more forcefully the dramatic nature of the crisis of which *Thérèse Desqueyroux* is an artistic expression.

The central feature of this crisis was private: a grievous choice affecting the continuance of his marriage. Yet this was perhaps less the cause than the inevitable conclusion of a slowly developing movement of rebellion: "crise sentimentale", says Mauriac, "mais qui touchait à tout." For his twenty years in Paris and his celebrity, far from resolving the basic problem of self-fulfilment and the central conflict between passion and religion around which his work had never ceased to revolve, seemed only to have made his dilemma more acute, and more public. On the one hand, there was his powerful sense of the love of God and of the penalty of sin; on the other, there was what he terms "la difficulté d'être catholique": the difficulty of living up to his belief, the feeling that he had never been able to opt freely for this faith which had been his inheritance from birth, the dislike of the "pharisees" and the irritation that his religion should be so widely identified with the values of a certain *bourgeoisie*. There was still the emotional pull of Bordeaux, the uneasy sense that in depicting his native city so harshly he had betrayed his background, the fear that his "scandalous" novels might have brought suffering to his mother. For the anguish returns to Mauriac's voice as, standing in the great *salon* of Malagar, where every picture records a family moment and every article of furniture tells a family story, he speaks of his mother's silences of more than thirty years ago: "Je revenais le soir. Elle était là, assise sur cette chaise où vous êtes. Elle ne disait rien. Mais je savais qu'elle lisait mes romans, qu'elle prenait ce que j'écrivais au pied de la lettre, qu'elle croyait que moi, moi aussi, j'avais... C'était atroce!" Above all, as evidenced by the fact that the publication of this novel coincided with an article in *La Croix* entitled "Le Cas Mauriac",[1] there was his dilemma as a Catholic novelist.

This dilemma emerges eloquently from the prefaces to his novels of this period which, if they are often apologies, are sometimes, like the preface to *Thérèse Desqueyroux*, rather provocative apologies. Mauriac's uneasiness about his work was certainly real. Mindful of the accusation that had once also preoccupied Racine, he was afraid of playing the literary poisoner and committing "spiritual murder" by demoralizing his Catholic readers; he was afraid, too, that there might indeed be an element of collusion with sin in the very rendering of a sinful world and that his projection of his own problems might have taken him beyond his formal intentions. And yet the problems themselves were very real to him and he thought it legitimate to portray them: "je croyais que, simplement en étant un chrétien avec ses problèmes, je pouvais faire quelque chose de valable." He was therefore all the more wounded by what seemed to him to be a lack of sympathy on the part of the audience which most mattered to him, and his comments in this respect are often bitter:

La première fois que de pieux journalistes vous traitent de porno-graphe et vous accusent d'écrire des obscénités pour gagner de l'argent,

[1] B. Amoudru, "Le Cas Mauriac", *La Croix*, 6-7 février, 1927, p. 4.

il est difficile de ne pas être suffoqué. Du temps que j'étais naïf, j'ai
voulu ouvrir mon cœur sur ce sujet à de très hauts et de très saints
personnages. Mais, dès les premiers mots, j'eus la certitude qu'ils ne
faisaient aucune différence essentielle entre moi et, par exemple,
l'auteur de la Revue des Folies-Bergère.[1]

This in itself indicates the extent to which the crisis, already dramatic
in its private implications, affected Mauriac's situation at every level.

The history of Mauriac's writing up to *Thérèse Desqueyroux* is in
some sense the history of the maturation of this crisis. And if *Thérèse
Desqueyroux* is representative of the richer, central period of his work,
it is because it emerges as a moral and artistic culmination, as the purest
expression of the basic theme of the escape from solitude towards self-
fulfilment. In the earlier novels this central theme, established in
relation to the family, to marriage, to the external moral code and the
inner demands of faith, is often unrealized or blurred—whether because
of the inadequacy of the hero, or a divided viewpoint, or the fact that
there are too many limiting factors in the situation, or because, as in
Le Désert de l'Amour, the dilemma is poised in a negative manner. In
Le Baiser au Lépreux, for example, the illness and the excessive ugliness
of the hero detract from the generality of the theme. In *Genitrix*, Fernand's
situation is already so irretrievable that he can assert his individuality
only by means of a pathetic "posthumous" victory; within the terms of
the basic problem this novel emerges as a nightmarish prefiguration of
defeat. In *Le Désert de l'Amour*, the indifference of Maria Cross to the
advances of Dr. Courrèges tends perhaps to mask the reality of the conflict
between the doctor's family life and his need for self-fulfilment. Mauriac
gives us the parallel destinies of a father suffering from the sense of a lack
of freedom and a son suffering because of his very freedom and refuses,
artistically, to choose between them; but this simply reflects the fact
that no decisive moral choice can develop within the terms of the
situation, since Maria Cross, by her ambiguity and her frigidity, has
something of the hollowness of father and son. With *Thérèse Desqueyroux*, however, Mauriac takes the plunge. The novelist's "drama" is
stripped to its essentials, conveyed through a single viewpoint and
embodied in a central character who, if a poisoner, is nevertheless the
most attractive human being in the book and, for Mauriac today,
"une créature noble". And he can say:

[1] *Dieu et Mammon*, loc. cit., p. 59.

Thérèse Desqueyroux c'était bien le roman de la révolte. Le roman de Thérèse c'était tout mon drame, c'était la protestation, le cri... Et je pourrais dire, bien que je n'aie jamais songé à empoisonner personne, que Thérèse Desqueyroux, c'était môi.

The very simplicity gained by this immediacy of self-projection enhances the mystery of the story of Thérèse. And the expression of this mystery called for a final stage in the growth of the novel. For it was only inevitable that the representative Thérèse should emanate ultimately, not from the streets of Madame Canaby's Bordeaux, but from the compelling countryside which has become Mauriac's essential landscape: the Landes.

The Essential Landscape

The story of the development of the Landes—the vast, triangular sandy plain lying between the Garonne, the Adour and the wide belt of sand dunes stretching in an almost unbroken straight line along the Atlantic coast from Biarritz to the estuary of the Gironde—is a romantic one. A hundred and fifty years ago this "Sahara of France", as Gautier called it, was a wilderness peopled only by picturesque shepherds mounted on stilts, following their lean flocks across the heath and marshland. In the course of the nineteenth century, however, largely through the agency of Brémontier and Chambrelent, the encroaching dunes were stabilized, the marshland drained and the area planted with maritime pines. Almost entirely privately owned, and exploited through an old system of *métayage* or tenant-farming, the Landes have grown into the largest single forest in Europe. The new wealth provided by the forest—timber, resin and derivative products—has recently been enhanced by the discovery of oil, which has given a new lease of life to the port of Bordeaux. Despite the permanent threat of fire—recent destructive outbreaks occurred in 1949, when nearly one hundred people died, in 1956 and in 1961—the Landes today constitute not only one of the most beautiful but one of the most prosperous regions of France.

In the earlier part of this century, however, the area was socially very retarded: the rate of illiteracy was one of the highest in the country, distances between villages were considerable and communications were so bad as in places to be almost non-existent. In many of his novels, and in such works as *La Province* and *L'Éducation des Filles*, Mauriac

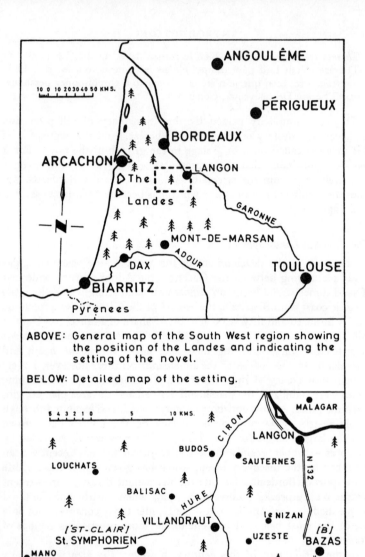

ABOVE: General map of the South West region showing the position of the Landes and indicating the setting of the novel.

BELOW: Detailed map of the setting.

describes the inhabitants of this lonely forest: the hard, suspicious peasantry to whom religion was often little more than a propitiatory magic merging with practices surviving from an older tradition, and the equally hard, socially backward, land-owning class to whom it was often the outward form of rank and respectability, ultimately less important than the religion of ownership itself. Mauriac was particularly distressed by the treatment of the old in this somewhat primitive society, as well as by the position of women. If the peasant-woman, working in the fields while her husband was engaged in often lighter tasks in the forest, tended to be treated as a beast of burden, the lot of the landowner's wife, in its very different way, was frequently little happier. Usually better educated than her husband, she could suffer cruelly from the restrictions and the very acquisitive brutality of this isolated life. And one reason why the setting of the novel moved from Bordeaux was that the figure of Madame Canaby merged in Mauriac's mind with the memory of a particular young woman: "qui n'en pouvait vraiment plus, qui avait son mari *en horreur*."

"Aucun drame", writes Mauriac in *Le Romancier et ses Personnages*, "ne peut commencer de vivre dans mon esprit si je ne le situe pas dans les lieux où j'ai toujours vécu. Il faut que je puisse suivre mes personnages de chambre en chambre."[1] And, indeed, *Thérèse Desqueyroux* is firmly situated in the Landes of his own experience, with only the most formal disguise being used for the central place-names. "B." is the cathedral town of Bazas, with its Tribunal, or "Palais de Justice", from the front of which the plane-trees have now gone; "Saint-Clair" is the village of Saint-Symphorien; "Argelouse" itself—the name of another village in the area, which Mauriac preferred because of its sound—is the hamlet of Jouanhaou, which he knew intimately since part of the family property was situated there. Indeed, as he drives today through his "vieille patrie"—"je l'aime tellement, ce pays"—constantly reviving a memory or pointing out the scene of an episode in this or another novel, Mauriac conveys the impression almost of a spiritual possession. If the pines, the ferns, the lakes and the sandy paths stretching away through purple heather seem to belong so inevitably to Thérèse Desqueyroux, it is because they belonged so intensely to François Mauriac. And it was doubtless this ultimate sense of identity which impelled him to set the story of Thérèse, which is also his own story, in the Landes. For the Landes, in Mauriac, constitute a self-enclosed

[1] *Le Romancier et ses Personnages*, p. 103.

reality, a microcosm of the world itself. "Que de fois", he has written, "à l'horizon d'une lande brûlée, quelques pins grêles m'apparaissaient comme le dernier portique, celui qui ouvre sur Rien."[1] The shimmering, whispering Landes, where the physical and the metaphysical appear to merge, provide a privileged stage for the enactment of human destiny and the mystery of human failure.

An early experience of spiritual failure is, indeed, one of the significant memories tying Mauriac to this region. For the adolescent defeated by Bordeaux, the Landes meant escape, the withdrawal into the reality of the self; yet this escape carried within it a profounder defeat:

> Assis sur un tronc de pin, au milieu d'une lande, dans l'étourdissement du soleil et des cigales, ivre à la lettre d'être seul, je ne pouvais pourtant pas supporter cette confrontation avec moi-même à laquelle j'avais tant aspiré, et ne me retrouvais que pour me perdre, pour me dissoudre dans la vie universelle.[2]

For the young Christian's discovery of the Landes was the discovery that, as Mauriac writes elsewhere, "le paganisme est mêlé à notre sang";[3] the discovery of the identity of the self was the discovery of a fundamental ambiguity. In this strange kingdom where the royal pine bleeds perpetually from the wound in its side, the very vagaries of climate seemed to express the mysterious workings of Grace. If they also derive from a literary tradition, the central terms of Mauriac's symbolical vocabulary—*la mer, la dernière dune; le désert, le sable, le feu, l'engourdissement, étouffer, consumer; la soif, l'eau vive, l'orage, la boue; la proie, la chasse*—are indigenous to the Landes. It has been pointed out that Mauriac's symbolism is multi-lateral and often confused.[4] What is important, however, is that this very confusion, reflecting as it does a sense of the perfidious ambiguity of the world of appearances, is artistically necessary to the expression of Mauriac's view of the world. For the sun that ripens the grapes is the same sun that may consume the forest in fire and its inhabitants in the fire of passion; the consoling and necessary rain may lead to strange germinations, or turn into an angry storm that will beat down both vines and moral resistance; the

---

[1] *La Province*, p. 38.
[2] *Commencements d'une Vie*, loc. cit., pp. 50-51.
[3] *Souffrances et Bonheur du Chrétien*, loc. cit., p. 159.
[4] See Michael F. Moloney, *François Mauriac*, Denver, Swallow, 1958, for an analysis of Mauriac's symbolism.

healing breeze from the eternity of the sea, which is also the infinity of God's love, may become the hot wind of the eternal call to desire. Hazy or shadowy, trembling or uncannily still, the Landes, for Mauriac, constitute an essential, mythical landscape, an ambivalent world that is hauntingly expressive of the duality of man's nature: the very image of the Garden of Eden after the Fall. And it is within the inevitability of this mysteriously beautiful, yet mysteriously poisoned world that Thérèse's innocent young friend, Anne de la Trave, will raise her rifle as though to shoot the sun from the sky—and that the poisoner herself will play out her destiny beneath the inscrutable gaze of God.

4. *The Problem of the Novel*

Why does Thérèse attempt to poison Bernard? Is her crime adequately motivated, or is it another manifestation of the Gidean "acte gratuit"? Is she a mere provincial "monster", or is she to be seen, as Mauriac implies in his preface, as a tragic figure and even as a potential saint? Is the "apologie indirecte du christianisme" a valid one, or is the effect of the book such as to undermine morality itself? To glance today at the reviews of *Thérèse Desqueyroux* is to be reminded forcibly that, for the audience of 1927, this was a "problem novel" and its success to a considerable extent that of the *succès de scandale*. If such critics as Benjamin Crémieux, John Charpentier and Marie-Jeanne Durry praised the work,[1] others were disconcerted. Paul Souday, for example, thought that Thérèse might well have diverted herself in some less murderous fashion and wondered where her creator "was going to end up"; Henri Barbusse suggested that this inadequate heroine could have solved her problems more simply by "jumping on to a train and clearing out"; Armand Praviel, in a review so lacking in understanding of Thérèse's problem that it might almost have been written by Bernard Desqueyroux himself, described the novel as "powerful, absurd and fundamentally immoral"; Eugène Charles, representative in his severity of the majority of Catholic commentators, rejected the "indirect apology" and argued that the picture of humanity presented by Mauriac's novels was a caricature not only of Christianity but of life

[1] Benjamin Crémieux, *La Nouvelle Revue Française*, mai 1927, pp. 683–9; John Charpentier, *Mercure de France*, 15 avril, 1927, pp. 416–20; Marie-Jeanne Durry, *Le Divan*, juin 1927, pp. 348–9.

itself . . .[1] It is clear that the story of Thérèse—which Mauriac himself, it has been noted, still finds mysterious—posed a number of controversial questions. These questions, however, are facets of a single problem, which may be studied in its several projections.

Thérèse's crime can only be understood in relation to her situation. The drama of her position lies in her inability to express her own personality in a narrow society where psychological and moral life is fossilized in a rigorous code which, though it derives from a particular tradition of family and ownership, is somewhat innocently assumed to have universal validity. By her greater intelligence and by the basic integrity underlying her awareness that the mystery and the value of life cannot be confined within this algebra of convention, Thérèse is superior to the puppet-like figures surrounding her: to her father, a hollow political humbug; to Anne de la Trave who, after one brief and illusory attempt to choose her own path in defiance of the family, will inevitably conform to pattern; to Bernard who, if he lacks neither intelligence nor good will, is nevertheless rendered smug and inhuman by his blind acceptance of the values of this very limited social order. Yet Thérèse herself embodies a contradiction. While she is sensitive enough to perceive the moral and emotional sclerosis of this society, she has nevertheless been fashioned by it and she is prevented by her very involvement from being able to see beyond it. If her crime is felt to be mysterious, it is largely for two reasons external to the action proper: the fact that Thérèse—"dont le drame", writes Mauriac, "était de n'avoir pas su elle-même ce qui l'avait poussée à ce geste criminel"[2]— cannot detach herself sufficiently from her experience to understand her own motives, and the fact that Mauriac himself sees in her half-involuntary act the devious workings of Grace. Within the concrete terms of the situation itself, the progress towards the crime is consistent, the reason for Thérèse's action clear.

Even as a girl she has a disturbing intimation of the burden of her individuality in this lonely world. She contracts a loveless marriage with Bernard not only because her community offers no real alternative, but because she is seeking unconsciously to lay down this burden by

---

[1] Paul Souday, *Le Temps*, 3 mars, 1927, p. 3; Henri Barbusse, *L'Humanité*, 6 mars, 1927, p. 4; Armand Praviel, *Polybiblion*, juillet-août 1927, p. 23; Eugène Charles, "L'Œuvre de Mauriac en regard du Catholicisme", *La Revue Apologétique*, août 1927, pp. 153–78.

[2] *Le Romancier et ses Personnages*, p. 110.

inscribing herself within the given order. The wedding itself, however, brings the sense that she has "walked like a sleep-walker into a cage" and this feeling is enhanced by the physical failure of the marriage—ironically pointed by the ecstasy of Anne's love for the young man from Paris, Jean Azévédo. In this situation, her maternity is itself a form of alienation, in that it ties her immediately and symbolically to the Family. Yet the helpless feeling that the absence of real contact makes it pointless even to quarrel with Bernard, together with the very dullness of her existence, induce only listlessness and apathy. Even when the meeting with Jean Azévédo has confirmed her sense of the unreality of her life and when Bernard's brutal treatment of Anne has prefigured her own subjection by this society, she is too numb to react in any positive manner. And when the pattern of events—Bernard's illness, his talk of death, his accidental doubling of the dose of Fowler's solution amid the confusion caused by the forest fire—creates a tempting situation, she does not consciously recognize it as such. Yet, motivated on the surface only by curiosity and participating at first only negatively, she is gradually led into the dark tunnel in which she instinctively follows, as a fatality, the apparent logic of events. Her formal moral sense and her inability consciously to resolve her situation are engulfed in the irrationality of this act of despair, which is as much the consecration of defeat as the expression of the will to escape. In blindly seeking to kill, she is not so much attacking Bernard in himself as attempting, symbolically, to kill the whole society in which she feels a prisoner. Her "curiosity" is expressive of the desire to disturb the complacency around her, to strike some spark of real feeling, and force some recognition from a humanly dead society.

Thérèse's motivation, therefore, if not simple, is nevertheless firmly and clearly established and the suggestion that she should have "jumped on to a train"—implying, as it does, that the novel lacks internal necessity—is somewhat irrelevant. Thérèse is tied tragically to the Landes by her very love of the pines, which symbolizes the gift of love which is denied expression. She cannot "jump on to a train" because she is deeply involved in this world which is her only field of experience, because she too has "la propriété dans le sang"; when the family finally allows her to leave for Paris, her victory will have the hollowness of defeat. It is paradoxically Thérèse's very limitations which enable her to qualify, in strict terms, as a tragic heroine. Whether or not she is tragic, however, in the sense implied by Mauriac's reference in his preface to a celebrated Roman prisoner as "saint" Locusta, is a different matter.[1]

How would Mauriac have the reader interpret *Thérèse Desqueyroux* in relation to the conception of the "indirect apology"? In the first place, the emotional desert of this community is such that any strength of feeling gives the impression of moral energy, so that Thérèse's thirst for love may suggest also the longing for spiritual love. In the second place, there is her apprehension of the parallel between her own plight as a rebellious free-thinker and that of the other outcast in this society, the passionate and enigmatic young priest himself—Mauriac thus discreetly maintains his essential polarity of sinner and saint. Again, if Jean Azévédo's eloquence holds out the dream of a fuller life in Paris, Thérèse has no difficulty in perceiving his pretentiousness. At the end of the book, even if momentarily, she glimpses that her search for love may have been an illusion, the wayward expression of a higher search:

> Elle regardait dans le vide: sur ce trottoir, au bord d'un fleuve de boue et de corps pressés [Paris is thus presented suggestively as a place of spiritual emptiness, sin and promiscuity, with the word "trottoir" evoking the possibility of prostitution], au moment de s'y jeter, de s'y débattre, ou de consentir à l'enlisement, elle percevait une lueur, une aube: elle imaginait un retour au pays secret et triste, — toute une vie de méditation, de perfectionnement, dans le silence d'Argelouse: l'aventure intérieure, la recherche de Dieu... (p. 137)

Fleeting though it is, this moment is strengthened by her previous intuition that the silence of Argelouse which had so oppressed her was perhaps the silence not of emptiness but of a kind of plenitude. Above all, there is the highly symbolical ending to chapter X which shows us Thérèse a prisoner of the family even in church, free to look only in front of her towards the altar.

> Cernée de toutes parts: la foule derrière, Bernard à droite, madame de la Trave à gauche, et cela seulement lui est ouvert, comme l'arène au taureau qui sort de la nuit; cet espace vide, où, entre deux enfants, un homme déguisé est debout, chuchotant, les bras un peu écartés.
> (p. 120)

Although Mauriac's aesthetic binds him to a neutral presentation, the novel tacitly holds out the possibility that Thérèse's tragedy may merely

---

[1] For Locusta, see the section dealing with the Preface in the Notes.

be the mask of a higher destiny, that her longing for love may have a greater meaning than she knows.

In its formal intention, therefore, the indirect apology is a negative demonstration. The underlying parable skilfully woven into the story would seek to show that, without the vital dimension of the supernatural, "la vraie vie est absente". If the reader is led to accept Thérèse's experience of the world as representative and to be persuaded that her search for satisfaction is doomed to failure, he may come to feel that merely earthly happiness is illusory, that Thérèse's very unhappiness is perhaps a necessary spiritual preparation, that the free-thinker may yet be driven to recognize herself as a sinner and, if she is given the grace to repent, be saved. Now it must ultimately be asked whether the full effect of this powerful novel is, in fact, reducible to the argument of the indirect apology. If this formal reading be accepted for the moment, however, is the apology, at its own level, finally convincing?

The very conception of the indirect apology is indicative of the personal crisis underlying Mauriac's work at this time. For the negative demonstration, while it also reflects the Jansenist trend in his thinking, mirrors Mauriac's own tormented situation in that it operates by *condemning* the world to embrace God. From the point of view of the apologist, indeed, proof by paradox is something of a solution of despair: to affirm that the absence of God in the world argues the necessity of God is to take an ontological leap far beyond logic itself. For the artist, however great his integrity, the enterprise is equally hazardous: his approach virtually requires him to become the Hound of Heaven, to empty the world in order to show the need for the presence of God, to pursue his characters down the Gadarene slope and to demonstrate the impossibility of happiness in the world's own terms. There is the consequent risk that the unbeliever may reject his black picture of "la misère de l'homme sans Dieu" as a photographic negative of the world, leaving him to preach to the converted. Yet it is a fact that, with notable exceptions—the priest who is at present Mauriac's confessor in Paris decided upon his vocation after reading *Destins*—the indirect apology left the converted largely unconvinced. Leaders of church opinion felt that to confront the Catholic reader with an eloquent rendering of a sinful world in which the positive content of Christianity was implied only by its absence was to run the risk of dismaying him. Paradox, for all Mauriac's skill, is not easy to sustain—particularly in the novel which, if it can persuade, cannot prove. The story of Thérèse, in itself, is a convincing one. Ironically, however, Mauriac's uneasy preface, which is itself a somewhat indirect apology for the "apologie indirecte", does the novel a disservice, for in inviting us to see Thérèse as a potential saint, he is posing his heroine as a problem and arguing the representativeness of her experience in terms which are external to the specific persuasion of the novel, thus inviting us to measure his world against the world itself. And we cannot then fail to observe that he has imprisoned Thérèse within a black-and-white dilemma.

While Thérèse may well be superior to those around her, she is none-theless by comparative standards a very limited character. Mauriac's suggestion of sainthood might be persuasive if we felt that she had fully experienced human love and found it wanting, but Thérèse has no such experience. Again, once we are obliged to treat the novel as a philo-sophical argument, we perceive that the factors governing Thérèse's destiny—her own passivity, the loneliness of the Landes, the sexual and emotional failure of a particular marriage, the narrow-mindedness and the hypocrisy of an ingrown community—have no general necessity making them representative of society as a whole. We further see that Mauriac not only makes life impossible for Thérèse in this community (even had she been a Christian, how could she have expressed herself fully in this world of non-communication?), but tends also to deprive her of the possibility of finding happiness outside it. The values of Thérèse's world may be false, but there would appear to be no real values in the world beyond. If Paris represents escape, the value of that escape is corroded by pejorative allusions to the city as a place of meaningless fever and spiritual shallowness, and corroded, in particular, by the treatment of the character who stands for Paris and the wider world, Jean Azévédo. The ambiguity of Mauriac's presentation of this character upon whom the moral structure of the situation largely hinges is significant in the extreme. Indeed, if this novel sharply pro-jects Mauriac's personal crisis, it also indicates in advance the inevitable direction of the resolution of that crisis.

It is in fact Jean Azévédo who, in several key sentences, represents and makes explicit Mauriac's own view of the situation. At the same time, his pretentiousness, his symbolical disease, his pimply face and moist palms—moral invalidation by physical disqualification is a standard device in Mauriac—suggest that his individualism is a mirage. He stands for emotional, intellectual and perhaps even spiritual escape, but he also stands for the immense spiritual dangers of that escape. In this way, Paris and its promise of human happiness are morally precluded and Thérèse is imprisoned by the indirect apology within her black-and-white dilemma: between emotional death in this society and Mauriac's distant paradox of sainthood, the whole intervening world is instinctively hollowed out, the possibility of finding true love or happiness in merely human associations vitiated even before Thérèse has begun her search.[1] Mauriac, though identifying himself with the revolt of this "créature noble" against a humanly impoverished society, nevertheless cannot allow her, or even visualize, the freedom of her escape: on the seething sea of Paris Thérèse, for her creator, will merely be flotsam. An apology which argues from such a limited presentation of the world is hardly convincing as such, while the suggestion of sainthood contained in the preface might seem to emerge as a largely external, despairing solution to a situation expressive of moral paralysis. In fact, however—as the hostility of those who might have been expected to favour the apologetic intention implies—the indirect apology constitutes an inadequate and rather negative reading of the novel.

If Mauriac today accepts the criticism that the formal aesthetic underlying his novel tends to destroy the relativity of life and its moral conflicts in the interests of a metaphysic which is external to the situation, he would nevertheless seem to be right in saying: "ce n'est pas un roman catholique, mais seul un chrétien était capable de l'écrire." This statement, however—like the conception of the indirect apology itself— is a somewhat double-edged one and its implications must be considered in attempting, finally, to evaluate *Thérèse Desqueyroux*.

5. *The Value of the Novel*

The mode of persuasion and the validity of a novel are not those of the moral argument, and the value of *Thérèse Desqueyroux* lies primarily in its compulsion as fiction. It is this which governs the relevance— since it determines the immediate reality—of the problems which the

---

[1] A simple example of the way in which the stylization of the "indirect apology" might seem at moments to amount to an unconscious "loading" of the situation is provided by the use, both at the end of the novel and in the preface, of the word "trottoir". While this, as reviewers noted, evokes the possibility of prostitution, the reader may well wonder whether this suggestion could reasonably be held to be applicable to the situation of a woman who, as the novel makes clear, will in Paris enjoy ample private means.

critic, or even the author, may abstract from it. The problem of *Thérèse Desqueyroux*, in fact, can only seriously be posed in relation to its power of suggestion as a novel. This power of suggestion is considerable and is such as to carry the meaning of the novel beyond the terms of the problem as so far presented and perhaps, in the end, beyond the intentions of Mauriac himself.

Although Mauriac today feels that the influence of Racine upon his writing was in some ways a harmful one, it is in this case entirely beneficial. *Thérèse Desqueyroux* is a novel which has the concentration, the unity and the imaginative force of the dramatic poem: qualities essential to a work in which every element of structure, style and symbol is required to promote the sense of destiny.

Unity of tone is at once established by the adoption of the single point of view, which in itself obviates characteristic defects of Mauriac's writing. The destructive trick of momentarily abandoning the standpoint of the character for the external judgement—by describing him, for example, as "ce débauché" or "ce jeune furieux"—is not in evidence, while other intrusions into the narrative are here largely acceptable within the framework of Thérèse's own meditation upon her life. The unified level of awareness thus established—the writer is, as it were, looking over Thérèse's shoulder—combines with the subtle economy of Mauriac's dramatic preparation to make the psychological progression of the story very convincing. Since events are felt essentially in their impact upon Thérèse, they merge with the rhythm and are coloured by the atmosphere of her own consciousness. This structural unity is consolidated by the use of the "flashback", which covers two-thirds of the story. This device, which Mauriac borrowed from the silent cinema and which he had already used elsewhere, is brilliantly employed to create the essential time of destiny. Thérèse's meditation during her long journey back to Argelouse, more even than the moment when she allowed Bernard to drink the double dose of Fowler's solution, is the turning-point of her existence—for, in trying to prepare her defence before meeting the judgement of Bernard, she is at last facing up to her own reality and trying to judge herself. In a novel which has the external attributes of the crime novel, the standard suspense of "what will happen next" is therefore absorbed into the higher suspense of the expected revelation of meaning: the climate of the novel is the timeless urgency of a situation of static intensity. Thérèse's journey through the night towards her future is balanced by her journey into the darkness of her past in a way which suspends the external time of event: time is internalized to become the very medium of destiny. The past, merging with the present in the progression towards some inevitable, but unknown resolution in the future: this is the movement of destiny itself.

In accordance with the conception of the indirect apology, Mauriac also seeks to establish destiny firmly in terms of the situation itself. He effectively limits the freedom of his characters by stressing hereditary weaknesses and recurrent patterns: for example Bernard's subjection to the traditional ills of "cette race oisive et trop nourrie", the congenital tuberculosis of the Azévédo family, the clear parallel between Thérèse and her errant grandmother Julie Bellade. More profoundly, however, the destiny of situation is everywhere conveyed symbolically and poetically. While in other novels Mauriac's rather "Racinian" moral vocabulary often seems nakedly gratuitous, the concreteness in this setting of such dual-purpose words as *feu, eau vive, sale* or *étouffer* is never in question. And if in other novels Mauriac's style—"cette sorte d'incantation mi-psychologique, mi-poétique", as Hourdin has called it[1]—sometimes seems to be narrow in its range, it is in this work the perfect vehicle for his purpose. Concise yet suggestive, analytical yet lyrical, it is less descriptive of the external world than vibrantly evocative of an inner world of feeling which is here intimately fused with the poetic reality of the Landes. Consider the easy integration of real and symbolical in the description of the threatened world of childhood innocence of Thérèse and Anne in Chapter III, or in the account of Thérèse's wedding-day at the beginning of Chapter IV; the concentrated economy of the following:

> Incroyable vérité que dans ces aubes toutes pures de nos vies, les pires orages étaient déjà suspendus. Matinées trop bleues: mauvais signe pour le temps de l'après-midi et du soir. (p. 60)

or the firm fusion in this sentence:

> Thérèse quittait le royaume de la lumière et du feu et pénétrait de nouveau, comme une guêpe sombre, dans le bureau où les parents attendaient que la chaleur fût tombée et que leur fille fût réduite.
> (p. 82)

And this immediate integration of story and setting effectively carries the larger symbolic design of the novel. . . .

---

[1] Georges Hourdin, *Mauriac, Romancier chrétien*, p. 127.

In defining his situation, Mauriac everywhere exploits the field of metaphor of the Landes. The sandy roads "à la voie" convey the provincial rut; Thérèse's sense of imprisonment is rendered by enclosing her in cage within cage: the "living bars" of the family, the bars of the tall pines crowding in at night upon the family itself, the bars of the monotonously heavy rain which comes to imprison the whole forest; the barrenness of the confrontation with Bernard after her return to Argelouse mirrors the barrenness all around them: "aucune eau vive ne court dans ce désert" (p. 112); the shuttered "salon ténébreux au centre de l'été implacable" (p. 63), in which Thérèse is condemned to languish and her moral energy to be corrupted, becomes the image of the darkened soul itself. And this integration of the human situation with its natural setting is carried even further. In this forest, humanity and nature exist at the same level and are bound by the same laws: Bernard, afraid of death at thirty, is like the pines, also ready to die at thirty. It is less that nature is humanized than that everything, in this strange and beautiful purgatory, seems to have the ultimate unreality of allegory. Yet the natural world is not felt directly to be the expression of an immanent spiritual world: the key to the filiation of these worlds has been lost. It is rather that everything that lives out the tragedy of its exile in this fallen world, whether Thérèse thirsting for fulfilment or the pines uttering their "human" moans in the night, is felt to be the mysterious emanation of an underlying but alienated immanence which, since it cannot be actualized, has all the fatality of destiny. And it is this destiny, strange in its manifestations, which decides. It is only inevitable that Thérèse's recollection of the moment of her crime should *begin* with the words: "C'était ce jour du grand incendie de Mano" (p. 105), for, from this conflagration which comes as a fatality to the whole forest, her act of violence will flow with smooth necessity. Mauriac's art of destiny thus goes beyond mere poetic coincidence; he is in fact inscribing the whole psychological persuasion of the story within a poetic causality. The validity of this "problem novel" is in the end the validity of poetry.

To say this, however, is only to state the *climate* of the problem of *Thérèse Desqueyroux*, and to state the difficulty and the delicacy of interpretation. What is the content, what is the context of this poetic suggestion which extends the field of meaning of the novel beyond the terms of the conflict itself? The content is clearly the transcendent ambiguity of the sense of destiny in which Mauriac's world is bathed.

The context is the correspondingly ambiguous situation of a Catholic writer who not only, inspired partly by resentment against the Church, attempts the paradox of the "apologie indirecte du christianisme" but who also, at a time of stress, identifies himself with a poisoner and a free-thinker who is yet manifestly superior to the stereotyped Christians around her and whom he sees as "une créature noble". The "poetry" which ultimately governs the meaning of the novel is expressive of an essential ambivalence.

In its formal intention, *Thérèse Desqueyroux* is a Christian novel. While it could not properly be described as Catholic, since the all-pervading destiny would appear to leave little room for the orthodox conceptions of redemption and free will, Mauriac is surely right in saying that only a Christian could have written it. Only a Christian sensibility, it would seem, could have given us the grievous vibration of this sense of a fallen world. And only a Christian, perhaps, could have painted such a bitter picture of the "pharisees": the tragedy of a Christianity atrophied into formalism and used only in the service of an acquisitive social group, poor in spirit as in humanity. Thérèse, writes Mauriac in *Le Romancier et ses Personnages*, is at least free of "la seule chose que je haïsse au monde et que j'ai peine à supporter dans une créature humaine, et qui est la complaisance et la satisfaction."[1] For he saw himself as attacking complacency in the name of humility, as attacking the dogmatic fiction of a debased Christianity in the name of a heroic and, perhaps, a tragic Christianity—"l'important", he says today, in speaking of the "true drama" of the Christian, "est de savoir et de sentir ses actes comme péché." To say, however, that *Thérèse Desqueyroux* could only have been written by a Christian is not quite to say that, in its effect, it is a Christian novel.

For in the end the whole conception of the indirect apology—which caused such hesitancy and even hostility among Catholic commentators as to lead one of them to describe it as "une apologétique à l'envers"[2] and which has made it so difficult for critics to treat Mauriac's work on its own merits as literature—would seem to emerge as a rationalization, on the part of this troubled "instinctive writer", of the rebellious turn which his work was taking at this time. It has been seen that the novel is convincing, but hardly as an apology; it has also been seen that Thérèse's motivation, even if Mauriac still finds it mysterious, is

[1] *Le Romancier et ses Personnages*, p. 133.
[2] Eugène Charles, in the *Revue Apologétique*, loc. cit., p. 169.

perfectly explicable in psychological terms. The truth is surely that his heroine's rebellion carried Mauriac beyond his formal moral intentions and that *Thérèse Desqueyroux* is less an indirect apology than, as Mauriac today recognizes, "le roman de la révolte".

It is clear that the interpretation of the novel must hinge upon our attitude to the woman after whom it is named, and it may well seem strange to the reader of today that a section of the audience of 1927 should have seen Thérèse as an incomprehensible monster, for Mauriac has surely achieved the aim—implied by the placing of the quotation from Baudelaire at the head of his preface—of making his heroine a very understandable human being. Limited and lacking in tenderness though she may be, Thérèse carries the central emotional drive of the novel and, in the context of her world, her sensitivity and her honesty are perhaps enough to justify Mauriac's description of her as "une créature noble". She is in fact so presented that, by virtue of the very construction of the novel, of the intensity of the writing and of the sharp contrast with those around her, she tends to engage the whole of the reader's sympathy. Hers, indeed, is felt to be the only developed sensibility, hers the only real awareness of the world and hers, in the end, the only moral perspective. And this very sympathy inevitably attacks the terms of the indirect apology. The parallel with the lonely, unrelated young priest, or the symbolical scene in church may well be viewed by the sympathetic reader in a totally different light: that Thérèse should thus be driven in the last resort towards the altar and the isolated exaltation of this "homme déguisé" may be read by him simply as a possible tragic consecration of her defeat at the hands of this society. For in fact, if Mauriac saw himself as confronting the "pharisees" with "la réalité du péché", the ordinary reader, at whom the apology was after all directed, is led to share the viewpoint of a heroine who might appear to express the opposite of this. The economy of the novel is such that our feeling for Thérèse would seem to be not so much horror at or pity for the sinner, as sympathy for the victim.

The paradox of this noble poisoner lies in the relationship between two different levels of guilt: moral guilt, in the sense of offending against a human order, and sin, in the sense of the violation of a higher order. With regard to the former, it is clear that a woman who attempts to poison her husband is guilty. And yet it might seem that, in this respect, Mauriac has established the situation and the climate of destiny all too effectively; for if by all external standards Thérèse is guilty, external standards as concretely represented in her restricted world are themselves so deficient that her guilt is softened to the point of acquiring a poetic, almost a moral necessity: the noblest member of the Family is felt to be the poisoner. Again, in a world where human actions appear to be governed by an inscrutable fatality which cannot be brought under the moral control of the individual, moral guilt becomes virtually meaningless and human helplessness is invested with an almost pagan innocence. Thérèse, obviously, if only because she lives in society, knows that her action was wrong; in the long meditation which covers the greater part of the novel she is attempting to understand that action, to assume moral responsibility for her life. When she finally returns tõ Argelouse, however, she feels suddenly that the only solution is to leave again—she in effect sees the whole drama as being due to circumstance. For in examining her crime she has found no premeditation, no conscious wrongdoing, no awareness of evil; she has found the heat and the confusion caused by the fire at Mano and, at most, the dull feeling that in a destructive world one small act of individual destruction can be of little consequence. Prepared to assume moral guilt, she finds only the fatality of the world, the cruelty of circumstance. It may well be said, of course, that a novel concerned with salvation rather than with merely moral regeneration will tend to underplay the problem of moral guilt precisely in order to place the emphasis on the higher guilt of sin. Yet even if Mauriac might indeed seem to have bought the climate of destiny, and the consequent possibility that his heroine may have sinned against a higher order, at the cost of diminishing Thérèse's moral responsibility, the fact remains that she herself does not concretely express this higher guilt. She does not come to see the fatality of her world as being related specifically to religion, nor is she driven to understand her predicament, dramatic though it is, in terms of the religious concept of sin. If the poisoner is not brought face to face with the finality of moral guilt, therefore, neither is the free-thinker led to the realization of sin. On the contrary, in the face of the law, of the Family, of the knowledge that she has done wrong and of the very fatality of the world, Mauriac's "créature noble" appears to retain the sense of her own *ultimate* innocence, and to retain the sympathy of the reader precisely to the extent that she convinces him of this ultimate innocence.

We thus have a strange duality. On the one hand, we have the underlying parable of the indirect apology and the poetic persuasion which creates the climate of a mysteriously darkened world. On the other hand, we have the same kind of poetic persuasion everywhere authenticating Thérèse's thirst for love and her simple, sensitive response to her mysterious world, we have the structural compulsion of the work, the sympathy with the wrongdoer rather than with those around her, the emphasis on human helplessness. We have an "apologie indirecte du christianisme" built around a "roman de la révolte", the tale of a poisoner which might seem to be less a story of sin, or even guilt, than the story—in the very shadow of a destiny suggestive of primal corruption—of a pathetic kind of human innocence. And it is clear that this essential dimension of the novel, in view of its overall context, may well be of symbolical importance. For the question of Mauriac's orthodoxy and the very legitimate Church objection that he tends generally to simplify Christianity by reducing evil to the sins of the flesh have perhaps served only to obscure the true significance, within the specific idiom of this *roman-poème*, of a poetic innocence established in relation to a rebellious drive towards moral freedom and the fulfilment of the senses. In fact, in terms of the structural and suggestive persuasion of the work, Thérèse's revolt might ultimately stand symbolically for nothing less than the fundamental innocence of the creature, and stand for it necessarily, in this context, in the face of the fundamental Christian idea of guilt. Mauriac, in this "problem novel" written at a time of stress, might in the end appear to have posed the problem of a world without God in such a manner as to pose the problem of God Himself.

The singleness of impact of this richly subtle novel, therefore, is not the effect of simplicity, but rather of the imaginative drive of its conception and of the delicate balance maintained between its conflicting elements. And the fact that *Thérèse Desqueyroux* should have been seen as "l'un des douze meilleurs romans du demi-siècle" is due, perhaps, to the wider resonance of this internal conflict, so contained by Mauriac's art as to preserve something of the density and the universality of mystery. For in this story of provincial frustration of 1927, Mauriac, out of a private crisis, produced a significant statement of an essential aspect of the moral and, in the narrow sense of the word, the mythical crisis affecting his society in the first half of the twentieth century.

THÉRÈSE DESQUEYROUX

> Seigneur, ayez pitié, ayez pitié des fous et des folles!
> O Créateur! peut-il exister des monstres aux yeux de celui-
> là seul qui sait pourquoi ils existent, comment *ils se sont
> faits*, et comment ils auraient pu ne pas se faire...
>
> CHARLES BAUDELAIRE

Thérèse, beaucoup diront que tu n'existes pas. Mais je sais que tu existes, moi qui, depuis des années, t'épie et souvent t'arrête au passage, te démasque.

Adolescent, je me souviens d'avoir aperçu, dans une salle étouffante d'assises, livrée aux avocats moins féroces que les dames empanachées, ta petite figure blanche et sans lèvres.

Plus tard, dans un salon de campagne, tu m'apparus sous les traits d'une jeune femme hagarde qu'irritaient les soins de ses vieilles parentes, d'un époux naïf: "Mais qu'a-t-elle donc? disaient-ils. Pourtant nous la comblons de tout."

Depuis lors, que de fois ai-je admiré, sur ton front vaste et beau, ta main un peu trop grande! Que de fois, à travers les barreaux vivants d'une famille, t'ai-je vue tourner en rond, à pas de louve; et de ton œil méchant et triste tu me dévisageais.

Beaucoup s'étonneront que j'aie pu imaginer une créature plus odieuse encore que tous mes autres héros. Saurai-je jamais rien dire des êtres ruisselants de vertu et qui ont le cœur sur la main? Les "cœurs sur la main" n'ont pas d'histoire; mais je connais celle des cœurs enfouis et tout mêlés à un corps de boue.

J'aurais voulu que la douleur, Thérèse, te livre à Dieu; et j'ai long-temps désiré que tu fusses digne du nom de Sainte Locuste. Mais plusieurs, qui pourtant croient à la chute et au rachat de nos âmes tourmentées, eussent crié au sacrilège.

Du moins, sur ce trottoir où je t'abandonne, j'ai l'espérance que tu n'es pas seule.

I

L'avocat ouvrit une porte. Thérèse Desqueyroux, dans ce couloir dérobé du Palais de Justice, sentit sur sa face la brume et, profondément, l'aspira. Elle avait peur d'être attendue, hésitait à sortir. Un homme, dont le col était relevé, se détacha d'un platane; elle reconnut son père. L'avocat cria: "Non-Lieu" et, se retournant vers Thérèse:

"Vous pouvez sortir: il n'y a personne."

Elle descendit des marches mouillées. Oui, la petite place semblait déserte. Son père ne l'embrassa pas, ne lui donna pas même un regard; il interrogeait l'avocat Duros qui répondait à mi-voix, comme s'ils eussent été épiés. Elle entendait confusément leurs propos:

"Je recevrai demain l'avis officiel du non-lieu.

— Il ne peut plus y avoir de surprise?

— Non: les carottes sont cuites, comme on dit.

— Après la déposition de mon gendre, c'était couru.

— Couru... couru... On ne sait jamais.

— Du moment que, de son propre aveu, il ne comptait jamais les gouttes...

— Vous savez, Larroque, dans ces sortes d'affaires, le témoignage de la victime..."

La voix de Thérèse s'éleva:

"Il n'y a pas eu de victime.

— J'ai voulu dire: victime de son imprudence, madame."

Les deux hommes, un instant, observèrent la jeune femme immobile, serrée dans son manteau, et ce blême visage qui n'exprimait rien. Elle demanda où était la voiture; son père l'avait fait attendre sur la route de Budos, en dehors de la ville, pour ne pas attirer l'attention.

Ils traversèrent la place: des feuilles de platane étaient collées aux bancs trempés de pluie. Heureusement, les jours avaient bien diminué. D'ailleurs, pour rejoindre la route de Budos, on peut

49

suivre les rues les plus désertes de la sous-préfecture. Thérèse marchait entre les deux hommes qu'elle dominait du front et qui de nouveau discutaient comme si elle n'eût pas été présente; mais, gênés par ce corps de femme qui les séparait, ils le poussaient du coude. Alors elle demeura un peu en arrière, déganta sa main gauche pour arracher de la mousse aux vieilles pierres qu'elle longeait. Parfois un ouvrier à bicyclette la dépassait, ou une carriole; la boue jaillie l'obligeait à se tapir contre le mur. Mais le crépuscule recouvrait Thérèse, empêchait que les hommes la reconnussent. L'odeur de fournil et de brouillard n'était plus seulement pour elle l'odeur du soir dans une petite ville: elle y retrouvait le parfum de la vie qui lui était rendue enfin; elle fermait les yeux au souffle de la terre endormie, herbeuse et mouillée; s'efforçait de ne pas entendre les propos du petit homme aux courtes jambes arquées qui, pas une fois, ne se retourna vers sa fille; elle aurait pu choir au bord de ce chemin: ni lui, ni Duros ne s'en fussent aperçus. Ils n'avaient plus peur d'élever la voix.

"La déposition de monsieur Desqueyroux était excellente, oui. Mais il y avait cette ordonnance: en somme, il s'agissait d'un faux... Et c'était le docteur Pédemay qui avait porté plainte...

— Il a retiré sa plainte...

— Tout de même, l'explication qu'elle a donnée: cet inconnu qui lui remet une ordonnance... "

Thérèse, moins par lassitude que pour échapper à ces paroles dont on l'étourdissait depuis des semaines, ralentit en vain sa marche; impossible de ne pas entendre le fausset de son père:

"Je le lui ai assez dit: 'Mais, malheureuse, trouve autre chose... trouve autre chose...' "

Il le lui avait assez dit, en effet, et pouvait se rendre justice. Pourquoi s'agite-t-il encore? Ce qu'il appelle l'honneur du nom est sauf; d'ici les élections sénatoriales, nul ne se souviendra plus de cette histoire. Ainsi songe Thérèse qui voudrait bien ne pas rejoindre les deux hommes; mais dans le feu de la discussion, ils s'arrêtent au milieu de la route et gesticulent.

"Croyez-moi, Larroque, faites front; prenez l'offensive dans

Le Semeur de dimanche; préférez-vous que je m'en charge? Il faudrait un titre comme *La rumeur infâme*...

— Non, mon vieux; non, non: que répondre, d'ailleurs? C'est trop évident que l'instruction a été bâclée; on n'a pas même eu recours aux experts en écriture; le silence, l'étouffement, je ne connais que ça. J'agirai, j'y mettrai le prix; mais, pour la famille, il faut recouvrir tout ça... il faut recouvrir... "

Thérèse n'entendit pas la réponse de Duros, car ils avaient allongé le pas. Elle aspira de nouveau la nuit pluvieuse, comme un être menacé d'étouffement; et soudain s'éveilla en elle le visage inconnu de Julie Bellade, sa grand-mère maternelle — inconnu: on eût cherché vainement chez les Larroque ou chez les Desquey-roux un portrait, un daguerréotype, une photographie de cette femme dont nul ne savait rien, sinon qu'elle était partie un jour. Thérèse imagine qu'elle aurait pu être ainsi effacée, anéantie, et que plus tard il n'eût pas même été permis à sa fille, à sa petite Marie, de retrouver dans un album la figure de celle qui l'a mise au monde. Marie, à cette heure, déjà s'endort dans une chambre d'Argelouse où Thérèse arrivera tard, ce soir; alors la jeune femme entendra, dans les ténèbres, ce sommeil d'enfant; elle se penchera, et ses lèvres chercheront, comme de l'eau, cette vie endormie.

Au bord du fossé, les lanternes d'une calèche, dont la capote était baissée, éclairaient deux croupes maigres de chevaux. Au-delà, se dressait, à gauche et à droite de la route, une muraille sombre de forêt. D'un talus à l'autre, les cimes des premiers pins se rejoignaient et, sous cet arc, s'enfonçait la route mystérieuse. Le ciel, au-dessus d'elle, se frayait un lit encombré de branches.

Le cocher contemplait Thérèse avec une attention goulue. Comme elle lui demandait s'ils arriveraient assez tôt pour le dernier train, à la gare de Nizan, il la rassura: tout de même, mieux valait ne pas s'attarder.

"C'est la dernière fois que je vous donne cette corvée, Gardère.

— Madame n'a plus à faire ici?"

Elle secoua la tête et l'homme la dévorait toujours des yeux. Devrait-elle, toute sa vie, être ainsi dévisagée?

"Alors, tu es contente?"

Son père semblait enfin s'apercevoir qu'elle était là. Thérèse, d'un bref regard, scruta ce visage sali de bile, ces joues hérissées de durs poils d'un blanc jaune que les lanternes éclairaient vivement. Elle dit à voix basse: "J'ai tant souffert... je suis rompue..." puis s'interrompit: à quoi bon parler? Il ne l'écoute pas; ne la voit plus. Que lui importe ce que Thérèse éprouve? Cela seul compte: son ascension vers le Sénat interrompue, compromise à cause de cette fille (toutes des hystériques quand elles ne sont pas des idiotes). Heureusement, elle ne s'appelle plus Larroque; c'est une Desqueyroux. La Cour d'assises évitée, il respire. Comment empêcher les adversaires d'entretenir la plaie? Dès demain, il ira voir le Préfet. Dieu merci, on tient le directeur de *La Lande Conservatrice:* cette histoire de petites filles... Il prit le bras de Thérèse:

"Monte vite; il est temps."

Alors l'avocat, perfidement peut-être, — ou pour que Thérèse ne s'éloignât pas, sans qu'il lui eût adressé une parole, demanda si elle rejoignait dès ce soir M. Bernard Desqueyroux. Comme elle répondait: "Mais bien sûr, mon mari m'attend..." elle se représenta pour la première fois, depuis qu'elle avait quitté le juge, qu'en effet dans quelques heures, elle passerait le seuil de la chambre où son mari était étendu, un peu malade encore, et qu'une indéfinie suite de jours, de nuits, s'ouvrait, au long desquels il faudrait vivre tout contre cet homme.

Établie chez son père, aux portes de la petite ville, depuis l'ouverture de l'instruction, sans doute avait-elle souvent fait ce même voyage qu'elle entreprenait ce soir; mais elle n'avait alors aucune autre préoccupation que de renseigner exactement son mari; elle écoutait, avant de monter en voiture, les derniers conseils de Duros touchant les réponses que devait faire M. Desqueyroux lorsqu'il serait de nouveau interrogé; — aucune angoisse chez Thérèse, en ce temps-là, aucune gêne à l'idée de se retrouver face à face avec cet homme malade: il s'agissait alors entre eux non de ce qui s'était passé réellement, mais de ce qu'il importait de dire ou de ne pas dire. Jamais les deux époux ne furent mieux unis que par cette défense; unis dans une seule chair — la chair de leur petite fille Marie. Ils recomposaient, à l'usage du juge, une histoire simple, fortement liée et qui pût satisfaire ce logicien. Thérèse, à cette époque, montait dans la même calèche qui l'attend, ce soir; — mais avec quelle impatience d'achever ce voyage nocturne dont elle souhaite à présent de ne pas voir la fin! Elle se souvient qu'à peine en voiture, elle eût voulu être déjà dans cette chambre d'Argelouse, et se remémorait les renseignements qu'attendait Bernard Desqueyroux (qu'il ne craigne pas d'affirmer qu'elle lui avait parlé un soir de cette ordonnance dont un homme inconnu l'avait suppliée de se charger, sous prétexte qu'il n'osait plus paraître chez le pharmacien à qui il devait de l'argent... Mais Duros n'était pas d'avis que Bernard allât jusqu'à prétendre qu'il se souvenait d'avoir reproché à sa femme une telle imprudence...)

Le cauchemar dissipé, de quoi parleront-ils ce soir, Bernard et Thérèse? Elle voit en esprit la maison perdue où il l'attend; elle imagine le lit au centre de cette chambre carrelée, la lampe basse sur la table parmi les journaux et des fioles... Les chiens de garde que la voiture a réveillés aboient encore puis se taisent; et de nouveau régnera ce silence solennel, comme durant les nuits où elle contemplait Bernard en proie à d'atroces vomissements. Thérèse s'efforce d'imaginer le premier regard qu'ils échangeront tout à l'heure; puis cette nuit, et le lendemain, le jour qui suivra, les semaines, dans cette maison d'Argelouse où ils n'auront plus à construire ensemble une version avouable du drame qu'ils ont vécu. Rien ne sera plus entre eux que ce qui fut réellement... ce qui fut réellement... Prise de panique, Thérèse balbutie, tournée vers l'avocat (mais c'est au vieux qu'elle s'adresse):

"Je compte demeurer quelques jours auprès de monsieur Desqueyroux. Puis, si le mieux s'accentue, je reviendrai chez mon père.

— Ah! ça non, non, non, ma petite!"

Et comme Gardère sur son siège s'agitait, M. Larroque reprit à voix plus basse:

"Tu deviens tout à fait folle? Quitter ton mari en ce moment? Il faut que vous soyez comme les deux doigts de la main... comme les deux doigts de la main, entends-tu? jusqu'à la mort...

— Tu as raison, père; où avais-je la tête? Alors c'est toi qui viendras à Argelouse?

— Mais, Thérèse, je vous attendrai chez moi les jeudis de foire, comme d'habitude. Vous viendrez comme vous êtes toujours venus!"

C'était incroyable qu'elle ne comprît pas que la moindre dérogation aux usages serait leur mort. C'était bien entendu? Il pouvait compter sur Thérèse? Elle avait causé à la famille assez de mal...

"Tu feras tout ce que ton mari te dira de faire. Je ne peux pas mieux dire."

Et il la poussa dans la voiture.

Thérèse vit se tendre vers elle la main de l'avocat, ses durs ongles noirs: "Tout est bien qui finit bien", dit-il; et c'était du fond du cœur; si l'affaire avait suivi son cours, il n'en aurait guère eu le bénéfice; la famille eût fait appel à Mᵉ Peyrecave, du barreau bordelais. Oui, tout était bien...

II

Cette odeur de cuir moisi des anciennes voitures, Thérèse l'aime... Elle se console d'avoir oublié ses cigarettes, détestant de fumer dans le noir. Les lanternes éclairent les talus, une frange de fougères, la base des pins géants. Les piles de cailloux détruisent l'ombre de l'équipage. Parfois passe une charrette et les mules d'elles-mêmes prennent la droite sans que bouge le muletier endormi. Il semble à Thérèse qu'elle n'atteindra jamais Argelouse; elle espère ne l'atteindre jamais; plus d'une heure de voiture jusqu'à la gare du Nizan; puis ce petit train qui s'arrête indéfiniment à chaque gare. De Saint-Clair même où elle descendra jusqu'à Argelouse, dix kilomètres à parcourir en carriole (telle est la route qu'aucune auto n'oserait s'y engager la nuit). Le destin, à toutes les étapes, peut encore surgir, la délivrer; Thérèse cède à cette imagination qui l'eût possédée, la veille du jugement, si l'inculpation avait été maintenue: l'attente du tremblement de terre. Elle enlève son chapeau, appuie contre le cuir odorant sa petite tête blême et ballottée, livre son corps aux cahots. Elle avait vécu, jusqu'à ce soir, d'être traquée; maintenant que la voilà sauve, elle mesure son épuisement. Joues creuses, pommettes, lèvres aspirées, et ce large front, magnifique, composent une figure de condamnée — oui, bien que les hommes ne l'aient pas reconnue coupable — condamnée à la solitude éternelle. Son charme, que le monde naguère disait irrésistible, tous ces êtres le possèdent dont le visage trahirait un tourment secret, l'élancement d'une plaie intérieure, s'ils ne s'épuisaient à donner le change. Au fond de cette calèche cahotante, sur cette route frayée dans l'épaisseur obscure des pins, une jeune femme démasquée caresse doucement avec la main droite sa face de brûlée vive. Quelles seront les premières paroles de Bernard dont le faux témoignage l'a sauvée? Sans doute ne posera-t-il aucune question, ce soir... mais demain? Thérèse ferme les yeux, les rouvre et, comme les chevaux vont au pas, s'efforce de reconnaître cette montée. Ah! ne rien prévoir. Ce sera peut-être plus simple qu'elle n'imagine. Ne rien prévoir. Dormir... Pourquoi n'est-elle plus dans la calèche? Cet homme derrière un tapis vert: le juge d'instruction... encore lui... Il sait bien pourtant que l'affaire est arrangée. Sa tête remue de gauche à droite: l'ordonnance de non-lieu ne peut être rendue, il y a un fait nouveau. Un fait nouveau? Thérèse se détourne pour que l'ennemi ne voie pas sa figure décomposée. "Rappelez vos souvenirs, madame. Dans la poche intérieure de cette vieille pèlerine — celle dont vous n'usez plus qu'en octobre, pour la chasse à la palombe, n'avez-vous rien oublié, rien dissimulé?" Impossible de protester; elle étouffe. Sans perdre son gibier des yeux, le juge dépose sur la table un paquet minuscule, cacheté de rouge. Thérèse pourrait réciter la formule inscrite sur l'enveloppe et que l'homme déchiffre d'une voix coupante:

Chloroforme: 30 grammes.
Aconitine: granules n° 20.
Digitaline sol.: 20 grammes.

Le juge éclate de rire... Le frein grince contre la roue. Thérèse s'éveille; sa poitrine dilatée s'emplit de brouillard (ce doit être la descente du ruisseau blanc). Ainsi rêvait-elle, adolescente, qu'une erreur l'obligeait à subir de nouveau les épreuves du Brevet simple. Elle goûte, ce soir, la même allégeance qu'à ses réveils d'alors: à peine un peu de trouble parce que le non-lieu n'était pas encore officiel: "Mais tu sais bien qu'il doit être d'abord notifié à l'avocat..."

Libre... que souhaiter de plus? Ce ne lui serait qu'un jeu de rendre possible sa vie auprès de Bernard. Se livrer à lui jusqu'au fond, ne rien laisser dans l'ombre: voilà le salut. Que tout ce qui était caché apparaisse dans la lumière, et dès ce soir. Cette résolution comble Thérèse de joie. Avant d'atteindre Argelouse, elle aura le temps de "préparer sa confession", selon le mot que sa dévote amie Anne de la Trave répétait chaque samedi de leurs vacances heureuses. Petite sœur Anne, chère innocente, quelle

56

place vous òccupez dans cette histoire! Les êtres les plus purs ignorent à quoi ils sont mêlés chaque jour, chaque nuit, et ce qui germe d'empoisonné sous leurs pas d'enfants.

Certes elle avait raison, cette petite fille, lorsqu'elle répétait à Thérèse, lycéenne raisonneuse et moqueuse: "Tu ne peux imaginer cette délivrance après l'aveu, après le pardon, — lorsque la place nette, on peut recommencer sa vie sur nouveaux frais." Il suffisait à Thérèse d'avoir résolu de tout dire pour déjà connaître, en effet, une sorte de desserrement délicieux: "Bernard saura tout; je lui dirai... "

Que lui dirait-elle? Par quel aveu commencer? Des paroles suffisent-elles à contenir cet enchaînement confus de désirs, de résolutions, d'actes imprévisibles? Comment font-ils, tous ceux qui connaissent leurs crimes?... "Moi, je ne connais pas mes crimes. Je n'ai pas voulu celui dont on me charge. Je ne sais pas ce que j'ai voulu. Je n'ai jamais su vers quoi tendait cette puissance forcenée en moi et hors de moi: ce qu'elle détruisait sur sa route, j'en étais moi-même terrifiée... "

Une fumeuse lampe à pétrole éclairait le mur crépi de la gare de Nizan et une carriole arrêtée. (Que les ténèbres se reforment vite à l'entour!) D'un train garé venaient des mugissements, des bêlements tristes. Gardère prit le sac de Thérèse, et de nouveau il la dévorait des yeux. Sa femme avait dû lui recommander: "Tu regarderas bien comment elle est, quelle tête elle fait..." Pour le cocher de M. Larroque, Thérèse d'instinct retrouvait ce sourire qui faisait dire aux gens: "On ne se demande pas si elle est jolie ou laide, on subit son charme..." Elle le pria d'aller prendre sa place au guichet, car elle craignait de traverser la salle d'attente où deux métayères assises, un panier sur les genoux et branlant la tête, tricotaient.

Quand il rapporta le billet, elle lui dit de garder la monnaie. Il toucha de la main sa casquette puis, les rênes rassemblées, se retourna une dernière fois pour dévisager la fille de son maître.

Le train n'était pas formé encore. Naguère, à l'époque des grandes vacances ou de la rentrée des classes, Thérèse Larroque et Anne de la Trave se faisaient une joie de cette halte à la gare

57

du Nizan. Elles mangeaient à l'auberge un œuf frit sur du jambon puis allaient, se tenant par la taille, sur cette route si ténébreuse ce soir; mais Thérèse ne la voit, en ces années finies, que blanche de lune. Alors elles riaient de leurs longues ombres confondues. Sans doute parlaient-elles de leurs maîtresses, de leurs compagnes, — l'une défendant son couvent, l'autre son lycée. "Anne..." Thérèse prononce son nom à haute voix dans le noir. C'était d'elle qu'il faudrait d'abord entretenir Bernard... Le plus précis des hommes, ce Bernard: il classe tous les sentiments, les isole, ignore entre eux ce lacis de défilés, de passages. Comment l'introduire dans ces régions indéterminées où Thérèse a vécu, a souffert? Il le faut pourtant. Aucun autre geste possible, tout à l'heure, en pénétrant dans la chambre, que de s'asseoir au bord du lit et d'entraîner Bernard d'étape en étape jusqu'au point où il arrêtera Thérèse: "Je comprends maintenant; lève-toi; sois pardonnée."

Elle traversa à tâtons le jardin du chef de gare, sentit des chrysanthèmes sans les voir. Personne dans le compartiment de première, où d'ailleurs le lumignon n'eût pas suffi à éclairer son visage. Impossible de lire: mais quel récit n'eût paru fade à Thérèse, au prix de sa vie terrible? Peut-être mourrait-elle de honte, d'angoisse, de remords, de fatigue, — mais elle ne mourrait pas d'ennui.

Elle se rencogna, ferma les yeux. Était-il vraisemblable qu'une femme de son intelligence n'arrivât pas à rendre ce drame intelligible? Oui, sa confession finie, Bernard la relèverait: "Va en paix, Thérèse, ne t'inquiète plus. Dans cette maison d'Argelouse, nous attendrons ensemble la mort, sans que nous puissent jamais séparer les choses accomplies. J'ai soif. Descends toi-même à la cuisine. Prépare un verre d'orangeade. Je le boirai d'un trait, même s'il est trouble. Qu'importe que le goût me rappelle celui qu'avait autrefois mon chocolat du matin? Tu te souviens, ma bien-aimée, de ces vomissements? Ta chère main soutenait ma tête; tu ne détournais pas les yeux de ce liquide verdâtre; mes syncopes ne t'effrayaient pas. Pourtant, comme tu devins pâle cette nuit où je m'aperçus que mes jambes étaient inertes, insensibles. Je grelottais, tu te souviens? Et cet imbécile de docteur

Pédemay stupéfait que ma température fût si basse et mon pouls si agité..."

"Ah! songe Thérèse, il n'aura pas compris. Il faudra tout reprendre depuis le commencement..." Où est le commencement de nos actes? Notre destin, quand nous voulons l'isoler, ressemble à ces plantes qu'il est impossible d'arracher avec toutes leurs racines. Thérèse remontera-t-elle jusqu'à son enfance? Mais l'enfance est elle-même une fin, un aboutissement.

L'enfance de Thérèse: de la neige à la source du fleuve le plus sali. Au lycée, elle avait paru vivre indifférente et comme absente des menues tragédies qui déchiraient ses compagnes. Les maîtresses souvent leur proposaient l'exemple de Thérèse Larroque: "Thérèse ne demande point d'autre récompense que cette joie de réaliser en elle un type d'humanité supérieure. Sa conscience est son unique et suffisante lumière. L'orgueil d'appartenir à l'élite humaine la soutient mieux que ne ferait la crainte du châtiment..." Ainsi s'exprimait une de ses maîtresses. Thérèse s'interroge: "Étais-je si heureuse? Étais-je si candide? Tout ce qui précède mon mariage prend dans mon souvenir cet aspect de pureté; contraste, sans doute, avec cette ineffaçable salissure des noces. Le lycée, au-delà de mon temps d'épouse et de mère, m'apparaît comme un paradis. Alors je n'en avais pas conscience. Comment aurais-je pu savoir que dans ces années d'avant la vie je vivais ma vraie vie? Pure, je l'étais: un ange, oui! Mais un ange plein de passions. Quoi que prétendissent mes maîtresses, je souffrais, je faisais souffrir. Je jouissais du mal que je causais et de celui qui me venait de mes amies; pure souffrance qu'aucun remords n'altérait: douleurs et joies naissaient des plus innocents plaisirs."

La récompense de Thérèse, c'était, à la saison brûlante, de ne pas se juger indigne d'Anne qu'elle rejoignait sous les chênes d'Argelouse. Il fallait qu'elle pût dire à l'enfant élevée au Sacré-Cœur: "Pour être aussi pure que tu l'es, je n'ai pas besoin de tous ces rubans ni de toutes ces rengaines..." Encore la pureté d'Anne de la Trave était-elle faite surtout d'ignorance. Les dames du Sacré-Cœur interposaient mille voiles entre le réel et leurs petites filles. Thérèse les méprisait de confondre vertu et ignorance: "Toi, chérie, tu ne connais pas la vie...", répétait-elle en ces lointains étés d'Argelouse. Ces beaux étés... Thérèse, dans le petit train qui démarre enfin, s'avoue que c'est vers eux qu'il faut que sa pensée remonte, si elle veut voir clair. Incroyable vérité que dans ces aubes toutes pures de nos vies, les pires orages étaient déjà suspendus. Matinées trop bleues: mauvais signe pour le temps de l'après-midi et du soir. Elles annoncent les parterres saccagés, les branches rompues et toute cette boue. Thérèse n'a pas réfléchi, n'a rien prémédité à aucun moment de sa vie; nul tournant brusque: elle a descendu une pente insensible, lentement d'abord puis plus vite. La femme perdue de ce soir, c'est bien le jeune être radieux qu'elle fut durant les étés de cet Argelouse où voici qu'elle retourne furtive et protégée par la nuit.

Quelle fatigue! A quoi bon découvrir les ressorts secrets de ce qui est accompli? La jeune femme, à travers les vitres, ne distingue rien hors le reflet de sa figure morte. Le rythme du petit train se rompt; la locomotive siffle longuement, approche avec prudence d'une gare. Un falot balancé par un bras, des appels en patois, les cris aigus des porcelets débarqués: Uzeste déjà. Une station encore, et ce sera Saint-Clair d'où il faudra accomplir en carriole la dernière étape vers Argelouse. Qu'il reste peu de temps à Thérèse pour préparer sa défense!

III

Argelouse est réellement une extrémité de la terre; un de ces lieux au-delà desquels il est impossible d'avancer, ce qu'on appelle ici un quartier: quelques métairies sans église, ni mairie, ni cimetière, disséminées autour d'un champ de seigle, à dix kilomètres du bourg de Saint-Clair, auquel les relie une seule route défoncée. Ce chemin plein d'ornières et de trous se mue, au-delà d'Argelouse, en sentiers sablonneux; et jusqu'à l'Océan il n'y a plus rien que quatre-vingts kilomètres de marécages, de lagunes, de pins grêles, de landes où à la fin de l'hiver les brebis ont la couleur de la cendre. Les meilleures familles de Saint-Clair sont issues de ce quartier perdu. Vers le milieu du dernier siècle, alors que la résine et le bois commencèrent d'ajouter aux maigres ressources qu'ils tiraient de leurs troupeaux, les grands-pères de ceux qui vivent aujourd'hui s'établirent à Saint-Clair, et leurs logis d'Argelouse devinrent des métairies. Les poutres sculptées de l'auvent, parfois une cheminée en marbre témoignent de leur ancienne dignité. Elles se tassent un peu plus chaque année et la grande aile fatiguée d'un de leurs toits touche presque la terre.

Deux de ces vieilles demeures pourtant sont encore des maisons de maîtres. Les Larroque et les Desqueyroux ont laissé leurs logis d'Argelouse tels qu'ils les reçurent des ascendants. Jérôme Larroque, maire et conseiller général de B. et qui avait aux portes de cette sous-préfecture sa résidence principale, ne voulut jamais rien changer à ce domaine d'Argelouse qui lui venait de sa femme (morte en couches alors que Thérèse était encore au berceau) et où il ne s'étonnait pas que la jeune fille eût le goût de passer les vacances. Elle s'y installait dès juillet, sous la garde d'une sœur aînée de son père, tante Clara, vieille fille sourde qui aimait aussi cette solitude parce qu'elle n'y voyait pas, disait-elle, les lèvres des autres remuer et qu'elle savait qu'on n'y pouvait rien entendre que le vent dans les pins. M. Larroque se félicitait de ce qu'Argelouse, qui le débarrassait de sa fille, la rapprochait de ce Bernard

Desqueyroux qu'elle devait épouser, un jour, selon le vœu des deux familles, et bien que leur accord n'eût pas un caractère officiel.

Bernard Desqueyroux avait hérité de son père, à Argelouse, une maison voisine de celle des Larroque; on ne l'y voyait jamais avant l'ouverture de la chasse et il n'y couchait qu'en octobre, ayant installé non loin sa palombière. L'hiver, ce garçon raisonnable suivait à Paris des cours de droit; l'été, il ne donnait que peu de jours à sa famille: Victor de la Trave l'exaspérait, que sa mère, veuve, avait épousé "sans le sou" et dont les grandes dépenses étaient la fable de Saint-Clair. Sa demi-sœur Anne lui paraissait trop jeune alors pour qu'il pût lui accorder quelque attention. Songeait-il beaucoup plus à Thérèse? Tout le pays les mariait parce que leurs propriétés semblaient faites pour se confondre et le sage garçon était, sur ce point, d'accord avec tout le pays. Mais il ne laissait rien au hasard et mettait son orgueil dans la bonne organisation de la vie: "On n'est jamais malheureux que par sa faute...", répétait ce jeune homme un peu trop gras. Jusqu'à son mariage, il fit une part égale au travail et au plaisir; s'il ne dédaignait ni la nourriture, ni l'alcool, ni surtout la chasse, il travaillait d' "arrache-pied", selon l'expression de sa mère. Car un mari doit être plus instruit que sa femme; et déjà l'intelligence de Thérèse était fameuse; un esprit fort, sans doute... mais Bernard savait à quelles raisons cède une femme; et puis, ce n'était pas mauvais, lui répétait sa mère: "d'avoir un pied dans les deux camps"; le père Larroque pourrait le servir. A vingt-six ans, Bernard Desqueyroux, après quelques voyages "fortement potassés d'avance" en Italie, en Espagne, aux Pays-Bas, épouserait la fille la plus riche et la plus intelligente de la lande, peut-être pas la plus jolie, "mais on ne se demande pas si elle est jolie ou laide, on subit son charme".

Thérèse sourit à cette caricature de Bernard qu'elle dessine en esprit: "Au vrai, il était plus fin que la plupart des garçons que j'eusse pu épouser." Les femmes de la lande sont très supérieures aux hommes qui, dès le collège, vivent entre eux et ne s'affinent guère; la lande a gardé leur cœur; ils continuent d'y demeurer en esprit; rien n'existe pour eux que les plaisirs qu'elle leur dispense; ce serait la trahir, la quitter un peu plus que de perdre la ressemblance avec leurs métayers, de renoncer au patois, aux manières frustes et sauvages. Sous la dure écorce de Bernard n'y avait-il une espèce de bonté? Lorsqu'il était tout près de mourir, les métayers disaient: "Après lui, il n'y aura plus de monsieur, ici". Oui, de la bonté, et aussi une justesse d'esprit, une grande bonne foi; il ne parle guère de ce qu'il ne connaît pas; il accepte ses limites. Adolescent, il n'était point si laid, cet Hippolyte mal léché — moins curieux des jeunes filles que du lièvre qu'il forçait dans la lande...

Pourtant ce n'est pas lui que Thérèse, les paupières baissées, la tête contre la vitre du wagon, voit surgir à bicyclette en ces matinées d'autrefois, sur la route de Saint-Clair à Argelouse, vers neuf heures, avant que le chaleur soit à son comble; non pas le fiancé indifférent, mais sa petite sœur Anne, le visage en feu, — et déjà les cigales s'allumaient de pin en pin et sous le ciel commençait à ronfler la fournaise de la lande. Des millions de mouches s'élevaient des hautes brandes: "Remets ton manteau pour entrer au salon; c'est une glacière..." Et la tante Clara ajoutait: "Ma petite, vous aurez à boire quand vous ne serez plus en nage..." Anne criait à la sourde d'inutiles paroles de bienvenue: "Ne t'égosille pas, chérie, elle comprend tout au mouvement des lèvres..." Mais la jeune fille articulait en vain chaque mot et déformait sa bouche minuscule: la tante répondait au hasard jusqu'à ce que les amies fussent obligées de fuir pour rire à l'aise.

Du fond d'un compartiment obscur, Thérèse regarde ces jours purs de sa vie — purs mais éclairés d'un frêle bonheur imprécis; et cette trouble lueur de joie, elle ne savait pas alors que ce devait être son unique part en ce monde. Rien ne l'avertissait que tout son lot tenait dans un salon ténébreux, au centre de l'été implacable, — sur ce canapé de reps rouge, auprès d'Anne dont les genoux rapprochés soutenaient un album de photographies. D'où lui venait ce bonheur? Anne avait-elle un seul des goûts de Thérèse? Elle haïssait la lecture, n'aimait que coudre, jacasser et rire. Aucune idée sur rien, tandis que Thérèse dévorait du même appétit les romans de Paul de Kock, les *Causeries du Lundi*, l'*Histoire du Consulat*, tout ce qui traîne dans les placards d'une maison de campagne. Aucun goût commun, hors celui d'être ensemble durant ces après-midi où le feu du ciel assiège les hommes barricadés dans une demi-ténèbre. Et Anne parfois se levait pour voir si la chaleur était tombée. Mais, les volets à peine entrouverts, la lumière pareille à une gorgée de métal en fusion, soudain jaillie, semblait brûler la natte, et il fallait, de nouveau, tout clore et se tapir.

Même au crépuscule, et lorsque déjà le soleil ne rougissait plus que le bas des pins et que s'acharnait, tout près du sol, une dernière cigale, la chaleur demeurait stagnante sous les chênes. Comme elles se fussent assises au bord d'un lac, les amies s'étendaient à l'orée du champ. Des nuées orageuses leur proposaient de glissantes images; mais avant que Thérèse ait eu le temps de distinguer la femme ailée qu'Anne voyait dans le ciel, ce n'était déjà plus, disait la jeune fille, qu'une étrange bête étendue.

En septembre, elles pouvaient sortir après la collation et pénétrer dans le pays de la soif: pas le moindre filet d'eau à Argelouse; il faut marcher longtemps dans le sable avant d'atteindre les sources du ruisseau appelé la Hure. Elles crèvent, nombreuses, un bas-fond d'étroites prairies entre les racines des aulnes. Les pieds nus des jeunes filles devenaient insensibles dans l'eau glaciale, puis, à peine secs, étaient de nouveau brûlants. Une de ces cabanes, qui servent en octobre aux chasseurs de palombes, les accueillait comme naguère le salon obscur. Rien à se dire; aucune parole: les minutes fuyaient de ces longues haltes innocentes sans que les jeunes filles songeassent plus à bouger que ne bouge le chasseur lorsqu'à l'approche d'un vol, il fait le signe du silence. Ainsi leur semblait-il qu'un seul geste aurait fait fuir leur informe et chaste bonheur. Anne, la première, s'étirait — impatiente de tuer des alouettes au crépuscule; Thérèse, qui haïssait ce jeu, la suivait pourtant, insatiable de sa présence. Anne décrochait dans le vestibule le calibre 24 qui ne repousse pas. Son amie, demeurée sur le talus, la voyait au milieu du seigle viser le soleil comme pour l'éteindre. Thérèse se bouchait les oreilles; un cri ivre s'interrompait dans le bleu, et la chasseresse ramassait l'oiseau blessé, le serrait d'une main précautionneuse et, tout en caressant de ses lèvres les plumes chaudes, l'étouffait.

"Tu viendras demain?

— Oh! non; pas tous les jours."

Elle ne souhaitait pas de la voir tous les jours; parole raisonnable à laquelle il ne fallait rien opposer; toute protestation eût paru, à Thérèse même, incompréhensible. Anne préférait ne pas revenir; rien ne l'en eût empêchée sans doute; mais pourquoi se voir tous les jours? "Elles finiraient, disait-elle, par se prendre en grippe." Thérèse répondait: "Oui... oui... surtout ne t'en fais pas une obligation: reviens quand le cœur t'en dira... quand tu n'auras rien de mieux." L'adolescente à bicyclette disparaissait sur la route déjà sombre en faisant sonner son grelot.

Thérèse revenait vers la maison; les métayers la saluaient de loin; les enfants ne l'approchaient pas. C'était l'heure où des brebis s'épandaient sous les chênes et soudain elles couraient toutes ensemble, et le berger criait. Sa tante la guettait sur le seuil et, comme font les sourdes, parlait sans arrêt pour que Thérèse ne lui parlât pas. Qu'était-ce donc que cette angoisse? Elle n'avait pas envie de lire; elle n'avait envie de rien; elle errait de nouveau: "Ne t'éloigne pas: on va servir." Elle revenait au bord de la route — vide aussi loin que pouvait aller son regard. La cloche tintait au seuil de la cuisine. Peut-être faudrait-il, ce soir, allumer la lampe. Le silence n'était pas plus profond pour la sourde immobile et les mains croisées sur la nappe, que pour cette jeune fille un peu hagarde.

Bernard, Bernard, comment t'introduire dans ce monde confus, toi qui appartiens à la race aveugle, à la race implacable des simples? Mais, songe Thérèse, dès les premiers mots il m'interrompra: "Pourquoi m'avez-vous épousé? je ne courais pas après vous..." Pourquoi l'avait-elle épousé? C'était vrai qu'il n'avait montré aucune hâte. Thérèse se souvient que la mère de Bernard, madame Victor de la Trave, répétait à tout venant: "Il aurait bien attendu, mais elle l'a voulu, elle l'a voulu, elle l'a voulu. Elle n'a pas nos principes, malheureusement; par exemple, elle fume comme un sapeur: un genre qu'elle se donne; mais c'est une nature très droite, franche comme l'or. Nous aurons vite fait de la ramener aux idées saines. Certes, tout ne nous sourit pas dans ce mariage. Oui... la grand-mère Bellade... je sais bien... mais c'est oublié, n'est-ce pas? On peut à peine dire qu'il y ait eu scandale, tellement ça a été bien étouffé. Vous croyez à l'hérédité, vous? Le père pense mal, c'est entendu; mais il ne lui a donné que de bons exemples: c'est un saint laïque. Et il a le bras long. On a besoin de tout le monde. Enfin, il faut bien passer sur quelque chose. Et puis, vous me croirez si vous voulez: elle est plus riche que nous. C'est incroyable, mais c'est comme ça. Et en adoration devant Bernard, ce qui ne gâte rien."

Oui, elle avait été en adoration devant lui: aucune attitude qui demandât moins d'effort. Dans le salon d'Argelouse ou sous les chênes au bord du champ, elle n'avait qu'à lever vers lui ses yeux que c'était sa science d'emplir de candeur amoureuse. Une telle proie à ses pieds flattait le garçon mais ne l'étonnait pas. "Ne joue pas avec elle, lui répétait sa mère, elle se ronge."

"Je l'ai épousé parce que..." Thérèse, les sourcils froncés, une main sur ses yeux, cherche à se souvenir. Il y avait cette joie puérile de devenir, par ce mariage, la belle-sœur d'Anne. Mais c'était Anne surtout qui en éprouvait de l'amusement; pour Thérèse, ce lien ne comptait guère. Au vrai, pourquoi en rougir? Les deux mille hectares de Bernard ne l'avaient pas laissée indifférente. "Elle avait toujours eu la propriété dans le sang." Lorsque après les longs repas, sur la table desservie on apporte l'alcool, Thérèse était restée souvent avec les hommes, retenue par leurs propos touchant les métayers, les poteaux de mine, la gemme, la térébenthine. Les évaluations de propriétés la passionnaient. Nul doute que cette domination sur une grande étendue de forêt l'ait séduite: "Lui aussi, d'ailleurs, était amoureux de mes pins..." Mais Thérèse avait obéi peut-être à un sentiment plus obscur qu'elle s'efforce de mettre à jour: peut-être cherchait-elle moins dans le mariage une domination, une possession, qu'un refuge. Ce qui l'y avait précipitée, n'était-ce pas une panique? Petite fille pratique, enfant ménagère, elle avait hâte d'avoir pris son rang, trouvé sa place définitive; elle voulait être rassurée contre elle ne savait quel péril. Jamais elle ne parut si raisonnable qu'à l'époque de ses fiançailles: elle s'incrustait dans un bloc familial, "elle se casait"; elle entrait dans un ordre. Elle se sauvait.

Ils suivaient, en ce printemps de leurs fiançailles, ce chemin de sable qui va d'Argelouse à Vilméja. Les feuilles mortes des chênes salissaient encore l'azur; les fougères sèches jonchaient le sol que perçaient les nouvelles crosses, d'un vert acide. Bernard disait: "Faites attention à votre cigarette; ça peut brûler encore; il n'y a plus d'eau dans la lande." Elle avait demandé: "Est-ce vrai que les fougères contiennent de l'acide prussique?" Bernard ne savait pas si elles en contenaient assez pour qu'on pût s'empoisonner. Il l'avait interrogée tendrement: "Vous avez envie de mourir?" Elle avait ri. Il avait émis le vœu qu'elle devînt plus simple. Thérèse se souvient qu'elle avait fermé les yeux, tandis que deux grandes mains enserraient sa petite tête, et qu'une voix disait contre son oreille: "Il y a là encore quelques idées fausses." Elle avait répondu: "A vous de les détruire, Bernard." Ils avaient observé le travail des maçons qui ajoutaient une chambre à la métairie de Vilméja. Les propriétaires, des Bordelais, y voulaient installer leur dernier fils "qui s'en allait de la poitrine". Sa sœur était morte du même mal. Bernard éprouvait beaucoup de dédain pour ces Azévédo: "Ils jurent leurs grands dieux qu'ils ne sont pas d'origine juive... mais on n'a qu'à les voir. Et avec ça, tuberculeux; toutes les maladies..." Thérèse était calme. Anne reviendrait du couvent de Saint-Sébastien pour le mariage. Elle devait quêter avec le fils Deguilhem. Elle avait demandé à Thérèse de lui décrire "par retour du courrier" les robes des autres demoiselles d'honneur: "Ne pourrait-elle en avoir des échantillons? C'était leur intérêt à toutes de choisir des tons qui fussent accordés..." Jamais Thérèse ne connut une telle paix, — ce qu'elle croyait être la paix et qui n'était que le demi-sommeil, l'engourdissement de ce reptile dans son sein.

IV

Le jour étouffant des noces, dans l'étroite église de Saint-Clair où le caquetage des dames couvrait l'harmonium à bout de souffle et où leurs odeurs triomphaient de l'encens, ce fut ce jour-là que Thérèse se sentit perdue. Elle était entrée somnambule dans la cage et, au fracas de la lourde porte refermée, soudain la misérable enfant se réveillait. Rien de changé, mais elle avait le sentiment de ne plus pouvoir désormais se perdre seule. Au plus épais d'une famille, elle allait couver, pareille à un feu sournois qui rampe sous la brande, embrase un pin, puis l'autre, puis de proche en proche crée une forêt de torches. Aucun visage sur qui reposer ses yeux, dans cette foule, hors celui d'Anne; mais la joie enfantine de la jeune fille l'isolait de Thérèse: sa joie! Comme si elle eût ignoré qu'elles allaient être séparées le soir même, et non seulement dans l'espace; à cause aussi de ce que Thérèse était au moment de souffrir, — de ce que son corps innocent allait subir d'irrémédiable. Anne demeurait sur la rive où attendent les êtres intacts; Thérèse allait se confondre avec le troupeau de celles qui ont servi. Elle se rappelle qu'à la sacristie, comme elle se penchait pour baiser ce petit visage hilare levé vers le sien, elle perçut soudain ce néant autour de quoi elle avait créé un univers de douleurs vagues et de vagues joies; elle découvrit, l'espace de quelques secondes, une disproportion infinie entre ces forces obscures de son cœur et la gentille figure barbouillée de poudre.

Longtemps après ce jour, à Saint-Clair et à B., les gens ne s'entretinrent jamais de ces noces de Gamache (où plus de cent métayers et domestiques avaient mangé et bu sous les chênes) sans rappeler que l'épouse, "qui sans doute n'est pas régulièrement jolie mais qui est le charme même", parut à tous, ce jour-là, laide et même affreuse: "Elle ne se ressemblait pas, c'était une autre personne..." Les gens virent seulement qu'elle était différente de son apparence habituelle; ils incriminèrent la toilette blanche, la chaleur; ils ne reconnurent pas son vrai visage.

Au soir de cette noce mi-paysanne, mi-bourgeoise, des groupes où éclataient les robes des filles obligèrent l'auto des époux à ralentir, et on les acclamait. Ils dépassèrent, sur la route jonchée de fleurs d'acacia, des carrioles zigzagantes, conduites par des drôles qui avaient bu. Thérèse, songeant à la nuit qui vint ensuite, murmure: "Ce fut horrible..." puis se reprend: "Mais non... pas si horrible..." Durant ce voyage aux lacs italiens, a-t-elle beaucoup souffert? Non, non; elle jouait à ce jeu: ne pas se trahir. Un fiancé se dupe aisément; mais un mari! N'importe qui sait proférer des paroles menteuses; les mensonges du corps exigent une autre science. Mimer le désir, la joie, la fatigue bienheureuse, cela n'est pas donné à tous. Thérèse sut plier son corps à ces feintes et elle y goûtait un plaisir amer. Ce monde inconnu de sensations où un homme la forçait de pénétrer, son imagination l'aidait à concevoir qu'il y aurait eu là, pour elle aussi peut-être, un bonheur possible, — mais quel bonheur? Comme devant un paysage enseveli sous la pluie, nous nous représentons ce qu'il eût été dans le soleil, ainsi Thérèse découvrait la volupté.

Bernard, ce garçon au regard désert, toujours inquiet de ce que les numéros des tableaux ne correspondaient pas à ceux du Bædeker, satisfait d'avoir vu dans le moins de temps possible ce qui était à voir, quelle facile dupe! Il était enfermé dans son plaisir comme ces jeunes porcs charmants qu'il est drôle de regarder à travers la grille, lorsqu'ils reniflent de bonheur dans une auge ("c'était moi, l'auge", songe Thérèse). Il avait leur air pressé, affairé, sérieux; il était méthodique. "Vous croyez vraiment que cela est sage?" risquait parfois Thérèse stupéfaite. Il riait, la rassurait. Où avait-il appris à classer tout ce qui touche à la chair, — à distinguer les caresses de l'honnête homme de celles du sadique? Jamais une hésitation. Un soir, à Paris où, sur le chemin du retour, ils s'arrêtèrent, Bernard quitta ostensiblement un music-hall dont le spectacle l'avait choqué: "Dire que les étrangers voient ça! Quelle honte! Et c'est là-dessus qu'on nous juge..." Thérèse admirait que cet homme pudique fût le même dont il lui faudrait subir, dans moins d'une heure, les patientes inventions de l'ombre.

"Pauvre Bernard — non pire qu'un autre! Mais le désir transforme l'être qui nous approche en un monstre qui ne lui ressemble pas. Rien ne nous sépare plus de notre complice que son délire: j'ai toujours vu Bernard s'enfoncer dans le plaisir, — et moi, je faisais la morte, comme si ce fou, cet épileptique, au moindre geste eût risqué de m'étrangler. Le plus souvent, au bord de sa dernière joie, il découvrait soudain sa solitude; le morne acharnement s'interrompait. Bernard revenait sur ses pas et me retrouvait comme sur une plage où j'eusse été rejetée, les dents serrées, froide."

Une seule lettre d'Anne: la petite n'aimait guère écrire; — mais, par miracle, il n'en était pas une ligne qui ne plût à Thérèse: une lettre exprime bien moins nos sentiments réels que ceux qu'il faut que nous éprouvions pour qu'elle soit lue avec joie. Anne se plaignait de ne pouvoir aller du côté de Vilméja depuis l'arrivée du fils Azévédo; elle avait vu de loin sa chaise longue dans les fougères; les phtisiques lui faisaient horreur.

Thérèse relisait souvent ces pages et n'en attendait point d'autres. Aussi fut-elle, à l'heure du courrier, fort surprise (le matin qui suivit cette soirée interrompue au music-hall) de reconnaître sur trois enveloppes l'écriture d'Anne de la Trave. Diverses "postes restantes" leur avaient fait parvenir à Paris ce paquet de lettres, car ils avaient brûlé plusieurs étapes: "pressés, disait Bernard, de retrouver leur nid"; — mais au vrai parce qu'ils n'en pouvaient plus d'être ensemble: lui périssait d'ennui loin de ses fusils, de ses chiens, de l'auberge où le Picon grenadine a un goût qu'il n'a pas ailleurs; et puis cette femme si froide, si moqueuse, qui ne montre jamais son plaisir, qui n'aime pas causer de ce qui est intéressant!... Pour Thérèse, elle souhaitait de rentrer à Saint-Clair comme une déportée qui s'ennuie dans un cachot provisoire, est curieuse de connaître l'île où doit se consumer ce qui lui reste de vie. Thérèse avait déchiffré avec soin la date imprimée sur chacune des trois enveloppes; et déjà elle ouvrait la plus ancienne, lorsque Bernard poussa une exclamation, cria quelques paroles dont elle ne comprit pas le sens, car la fenêtre était ouverte et les autobus changeaient de vitesse à ce carrefour. Il s'était interrompu de se raser pour lire une lettre de sa mère. Thérèse voit encore le gilet de cellular, les bras nus musculeux; cette peau blême et soudain le rouge cru du cou et de la face. Déjà régnait, en ce matin de juillet, une chaleur sulfureuse; le soleil enfumé rendait plus sales, au-delà du balcon, les façades mortes. Il s'était rapproché de Thérèse; il criait: "Celle-là est trop forte! Eh bien! ton amie Anne, elle va fort. Qui aurait dit que ma petite sœur..."

Et comme Thérèse l'interrogeait du regard:

"Crois-tu qu'elle s'est amourachée du fils Azévédo? Oui, parfaitement: cet espèce de phtisique pour lequel ils avaient fait agrandir Vilméja... Mais si: ça a l'air très sérieux... Elle dit qu'elle tiendra jusqu'à sa majorité... Maman écrit qu'elle est complètement folle. Pourvu que les Deguilhem ne le sachent pas! Le petit Deguilhem serait capable de ne pas faire sa demande. Tu as des lettres d'elle? Enfin, nous allons savoir... Mais ouvre-les donc.

— Je veux les lire dans l'ordre. D'ailleurs, je ne saurais te les montrer."

Il la reconnaissait bien là; elle compliquait toujours tout. Enfin l'essentiel était qu'elle ramenât la petite à la raison:

"Mes parents comptent sur toi: tu peux tout sur elle... si... si!... Ils t'attendent comme leur salut."

Pendant qu'elle s'habillait, il allait lancer un télégramme et retenir deux places dans le sud-express. Elle pouvait commencer à garnir le fond des malles:

"Qu'est-ce que tu attends pour lire les lettres de la petite?

— Que tu ne sois plus là."

Longtemps après qu'il eut refermé la porte, Thérèse était demeurée étendue fumant des cigarettes, les yeux sur les grandes lettres d'or noirci, fixées au balcon d'en face; puis elle avait déchiré la première enveloppe. Non, non; ce n'était pas cette chère petite idiote, ce ne pouvait être cette couventine à l'esprit court qui avait inventé ces paroles de feu. Ce ne pouvait être de ce cœur sec — car elle avait le cœur sec: Thérèse le savait peut-être! — qu'avait jailli ce cantique des cantiques, cette longue plainte heureuse d'une femme possédée, d'une chair presque moite de joie, dès la première atteinte:

... Lorsque je l'ai recontré, je ne pouvais croire que ce fût lui: il jouait à courir avec le chien en poussant des cris. Comment aurais-je pu imaginer que c'était ce grand malade... mais il n'est pas malade: on prend seulement des précautions, à cause des malheurs qu'il y eu dans sa famille. Il n'est pas même frêle, — mince plutôt; et puis habitué à être gâté, dorloté... Tu ne me reconnaîtrais pas: c'est moi qui vais chercher sa pèlerine, dès que la chaleur tombe...

Si Bernard était rentré à cette minute dans la chambre, il se fût aperçu que cette femme assise sur le lit n'était pas sa femme, mais un être inconnu de lui, une créature étrangère et sans nom. Elle jeta sa cigarette, déchira une seconde enveloppe:

... J'attendrai le temps qu'il faudra; aucune résistance ne me fait peur; mon amour ne le sent même pas. Ils me retiennent à Saint-Clair, mais Argelouse n'est pas si éloigné que Jean et moi ne puissions nous rejoindre. Tu te rappelles la palombière? C'est toi, ma chérie, qui as d'avance choisi les lieux ou je devais connaître une joie telle... Oh! surtout ne va pas croire que nous fassions rien de mal. Il est si délicat! Tu n'as aucune idée d'un garçon de cette espèce. Il a beaucoup étudié, beaucoup lu, comme toi: mais chez un jeune homme, ça ne m'agace pas, et je n'ai jamais songé à le taquiner. Que ne donnerais-je pour être aussi savante que tu l'es! Chérie, quel est donc ce bonheur que tu possèdes aujourd'hui et que je ne connais pas encore, pour que la seule approche en soit un tel délice? Lorsque dans la cabane des palombes, où tu voulais toujours que nous emportions notre goûter, je demeure auprès de lui, je sens le bonheur en moi, pareil à quelque chose que je pourrais toucher. Je me dis qu'il existe pourtant une joie au-delà de cette joie; et quand Jean s'éloigne, tout pâle, le souvenir de nos caresses, l'attente de ce qui va être le lendemain, me rend sourde aux plaintes, aux supplications, aux injures de ces pauvres gens qui ne savent pas... qui n'ont jamais su... Chérie, pardonne-moi: je te parle de ce bonheur comme si tu ne le connaissais pas non plus;

pourtant je ne suis qu'une novice auprès de toi: aussi suis-je bien sûre que tu seras avec nous contre ceux qui nous font du mal...

Thérèse déchira la troisième enveloppe; quelques mots seulement griffonnés:

Viens, ma chérie: ils nous ont séparés: on me garde à vue. Ils croient que tu te rangeras de leur côté. J'ai dit que je m'en remettrais à ton jugement. Je t'expliquerai tout: il n'est pas malade... Je suis heureuse et je souffre. Je suis heureuse de souffrir à cause de lui et j'aime sa douleur comme le signe de l'amour qu'il a pour moi...

Thérèse ne lut pas plus avant. Comme elle glissait le feuillet dans l'enveloppe, elle y aperçut une photographie qu'elle n'avait pas vue d'abord. Près de la fenêtre, elle contempla ce visage: c'était un jeune garçon dont la tête, à cause des cheveux épais, semblait trop forte. Thérèse, sur cette épreuve, reconnut l'endroit: ce talus où Jean Azévédo se dressait, pareil à David (il y avait derrière une lande où pacageaient des brebis). Il portait sa veste sur le bras; sa chemise était un peu ouverte... "c'est ce qu'il appelle la dernière caresse permise...". Thérèse leva les yeux et fut étonnée de sa figure dans la glace. Il lui fallut un effort pour desserrer les dents, avaler sa salive. Elle frotta d'eau de Cologne ses tempes, son front. "Elle connaît cette joie... et moi, alors? et moi? pourquoi pas moi?" La photographie était restée sur la table; tout auprès luisait une épingle...

"J'ai fait cela. C'est moi qui ai fait cela..." Dans le train cahotant et qui, à une descente, se précipite, Thérèse répète: "Il y a deux ans déjà, dans cette chambre d'hôtel, j'ai pris l'épingle, j'ai percé la photographie de ce garçon à l'endroit du cœur, — non pas furieusement, mais avec calme et comme s'il s'agissait d'un acte ordinaire; — aux lavabos, j'ai jeté la photographie ainsi transpercée; j'ai tiré la chasse d'eau."

Lorsque Bernard était rentré, il avait admiré qu'elle fût grave, comme une personne qui a beaucoup réfléchi, et même arrêté déjà un plan de conduite. Mais elle avait tort de tant fumer: elle

73

s'intoxiquait! A entendre Thérèse, il ne fallait pas donner trop d'importance aux caprices d'une petite fille. Elle se faisait fort de l'éclairer... Bernard souhaitait que Thérèse le rassurât, — tout à la joie de sentir dans sa poche les billets de retour; flatté surtout de ce que les siens avaient déjà recours à sa femme. Il l'avertit que ça coûterait ce que ça coûterait mais que pour le dernier déjeuner de leur voyage, ils iraient à quelque restaurant du Bois. Dans le taxi, il parla de ses projets pour l'ouverture de la chasse; il avait hâte d'essayer ce chien que Balion dressait pour lui. Sa mère écrivait que grâce aux pointes de feu, la jument ne boitait plus... Peu de monde encore à ce restaurant dont le service innombrable les intimidait. Thérèse se souvient de cette odeur: géranium et saumure. Bernard n'avait jamais bu de vin du Rhin: "Pristi, ils ne le donnent pas." Mais ça n'était pas tous les jours fête. La carrure de Bernard dissimulait à Thérèse la salle. Derrière les grandes glaces, glissaient, s'arrêtaient des autos silencieuses. Elle voyait, près des oreilles de Bernard, remuer ce qu'elle savait être les muscles temporaux. Tout de suite après les premières lampées, il devint trop rouge: beau garçon campagnard auquel manquait seulement, depuis des semaines, l'espace où brûler sa ration quotidienne de nourriture et d'alcool. Elle ne le haïssait pas; mais quel désir d'être seule pour penser à sa souffrance, pour chercher l'endroit où elle souffrait! Simplement qu'il ne soit plus là; qu'elle puisse ne pas se forcer à manger, à sourire; qu'elle n'ait plus ce souci de composer son visage, d'éteindre son regard; que son esprit se fixe librement sur ce désespoir mysteriéux: une créature s'évade hors de l'île déserte où tu imaginais qu'elle vivrait près de toi jusqu'à la fin; elle franchit l'abîme qui te sépare des autres, les rejoint, — change de planète enfin... mais non: quel être a jamais changé de planète? Anne avait toujours appartenu au monde des simples vivants; ce n'était qu'un fantôme dont Thérèse autrefois regardait la tête endormie sur ses genoux, durant leurs vacances solitaires: la véritable Anne de la Trave, elle ne l'a jamais connue: celle qui rejoint, aujourd'hui, Jean Azévédo dans une palombière abandonnée entre Saint-Clair et Argelouse.

"Qu'est-ce que tu as? Tu ne manges pas? Il ne faut pas leur en laisser: au prix que ça coûte, ce serait dommage. C'est la chaleur? Tu ne vas pas tourner l'œil? A moins que ce soit un malaise... déjà."

Elle sourit; sa bouche seule souriait. Elle dit qu'elle réfléchissait à cette aventure d'Anne (il fallait qu'elle parlât d'Anne). Et comme Bernard déclarait être bien tranquille, du moment qu'elle avait pris l'affaire en main, la jeune femme lui demanda pourquoi ses parents étaient hostiles à ce mariage. Il crut qu'elle se moquait de lui, la supplia de ne pas commencer à soutenir des paradoxes:

"D'abord, tu sais bien qu'ils sont juifs: maman a connu le grand-père Azévédo, celui qui avait refusé le baptême."

Mais Thérèse prétendait qu'il n'y avait rien de plus ancien à Bordeaux que ces noms d'israélites portugais:

"Les Azévédo tenaient déjà le haut du pavé lorsque nos ancêtres, bergers misérables, grelottaient de fièvre au bord de leurs marécages.

— Voyons, Thérèse, ne discute pas pour le plaisir de discuter; tous les juifs se valent... et puis c'est une famille de dégénérés, — tuberculeux jusqu'à la moelle, tout le monde le sait."

Elle alluma une cigarette, d'un geste qui toujours avait choqué Bernard:

"Rappelle-moi donc de quoi est mort ton grand-père, ton arrière-grand-père? Tu t'es inquiété de savoir, en m'épousant, quelle maladie a emporté ma mère? Crois-tu que chez nos ascendants nous ne trouverions pas assez de tuberculeux et de syphilitiques pour empoisonner l'univers?

— Tu vas trop loin, Thérèse, permets-moi de te le dire: même en plaisantant et pour me faire grimper, tu ne dois pas toucher à la famille."

Il se rengorgeait, vexé, — voulant à la fois le prendre de haut et ne pas paraître ridicule à Thérèse. Mais elle insistait:

"Nos familles me font rire avec leur prudence de taupes! cette horreur des tares apparentes n'a d'égale que leur indifférence à celles, bien plus nombreuses, qui ne sont pas connues... Toi-même, tu emploies pourtant cette expression: maladies secrètes... non? Les maladies les plus redoutables pour la race ne sont-elles pas secrètes par définition? nos familles n'y songent jamais, elles qui s'entendent si bien, pourtant, à recouvrir, à ensevelir leurs ordures: sans les domestiques, on ne saurait jamais rien. Heureusement qu'il y a les domestiques...

— Je ne te répondrai pas: quand tu te lances, le mieux est d'attendre que ce soit fini. Avec moi, il n'y a que demi-mal: je sais que tu t'amuses. Mais à la maison, tu sais, ça ne prendrait pas. Nous ne plaisantons pas sur le chapitre de la famille."

La famille! Thérèse laissa éteindre sa cigarette; l'œil fixe, elle regardait cette cage aux barreaux innombrables et vivants, cette cage tapissée d'oreilles et d'yeux, où, immobile, accroupie, le menton aux genoux, les bras entourant ses jambes, elle attendrait de mourir.

"Voyons, Thérèse, ne fais pas cette figure: si tu te voyais..."

Elle sourit, se remasqua:

"Je m'amusais... Que tu es nigaud, mon chéri."

Mais dans le taxi, comme Bernard se rapprochait d'elle, sa main l'éloignait, le repoussait.

Ce dernier soir avant le retour au pays, ils se couchèrent dès neuf heures. Thérèse avala un cachet, mais elle attendait trop le sommeil pour qu'il vînt. Un instant, son esprit sombra jusqu'à ce que Bernard, dans un marmonnement incompréhensible, se fût retourné; alors elle sentit contre elle ce grand corps brûlant; elle le repoussa et, pour n'en plus subir le feu, s'étendit sur l'extrême bord de la couche; mais, après quelques minutes, il roula de nouveau vers elle comme si la chair en lui survivait à l'esprit absent et, jusque dans le sommeil, cherchait confusément sa proie accoutumée. D'une main brutale et qui pourtant ne l'éveilla pas, de nouveau elle l'écarta... Ah! l'écarter une fois pour toutes et à jamais! le précipiter hors du lit, dans les ténèbres.

A travers le Paris nocturne, les trompes d'autos se répondaient comme à Argelouse les chiens, les coqs, lorsque la lune luit. Aucune fraîcheur ne montait de la rue. Thérèse alluma une lampe et, le coude sur l'oreiller, regarda cet homme immobile à côté d'elle, — cet homme dans sa vingt-septième année: il avait repoussé les couvertures; sa respiration ne s'entendait même pas;

ses cheveux ébouriffés recouvraient son front pur encore, sa tempe sans ride. Il dormait, Adam désarmé et nu, d'un sommeil profond et comme éternel. La femme ayant rejeté sur ce corps la couverture, se leva, chercha une des lettres dont elle avait interrompu la lecture, s'approcha de la lampe:

... S'il me disait de le suivre, je quitterais tout sans tourner la tête. Nous nous arrêtons au bord, à l'extrême bord de la dernière caresse, mais par sa volonté, non par ma résistance; — ou plutôt c'est lui qui me résiste, et moi qui souhaiterais d'atteindre ces extrémités inconnues dont il me répète que la seule approche dépasse toutes les joies; à l'entendre, il faut toujours demeurer en deçà; il est fier de freiner sur des pentes où il dit qu'une fois engagés, les autres glissent irrésistiblement...

Thérèse ouvrit la croisée, déchira les lettres en menus morceaux, penchée sur le gouffre de pierre qu'un seul tombereau, à cette heure avant l'aube, faisait retentir. Les fragments de papier tourbillonnaient, se posaient sur les balcons des étages inférieurs. L'odeur végétale que respirait la jeune femme, quelle campagne l'envoyait jusqu'à ce désert de bitume? Elle imaginait la tache de son corps en bouillie sur la chaussée, — et à l'entour ce remous d'agents, de rôdeurs... Trop d'imagination pour te tuer, Thérèse. Au vrai, elle ne souhaitait pas de mourir; un travail urgent l'appelait, non de vengeance, ni de haine: mais cette petite idiote, là-bas, à Saint-Clair, qui croyait le bonheur possible, il fallait qu'elle sût, comme Thérèse, que le bonheur n'existe pas. Si elles ne possèdent rien d'autre en commun, qu'elles aient au moins cela: l'ennui, l'absence de toute tâche haute, de tout devoir supérieur, l'impossibilité de rien attendre que les basses habitudes quotidiennes, — un isolement sans consolations. L'aube éclairait les toits; elle rejoignit sur sa couche l'homme immobile; mais dès qu'elle fut étendue près de lui, déjà il se rapprochait.

Elle se réveilla lucide, raisonnable. Qu'allait-elle chercher si loin? Sa famille l'appelait au secours, elle agirait selon ce qu'exigeait sa famille; ainsi serait-elle sûre de ne point dévier. Thérèse approuvait Bernard lorsqu'il répétait que si Anne manquait le mariage Deguilhem, ce serait un désastre. Les Deguilhem ne sont pas de leur monde: le grand-père était berger... Oui, mais ils ont les plus beaux pins du pays; et Anne, après tout, n'est pas si riche: rien à attendre du côté de son père que des vignes dans le palus, près de Langon, — inondées une année sur deux. Il ne fallait à aucun prix qu'Anne manquât le mariage Deguilhem. L'odeur du chocolat dans la chambre écœurait Thérèse; ce léger malaise confirmait d'autres signes: enceinte, déjà. "Il vaut mieux l'avoir tout de suite, dit Bernard, après, on n'aura plus à y penser." Et il contemplait avec respect la femme qui portait dans ses flancs le maître unique de pins sans nombre.

V

Saint-Clair, bientôt! Saint-Clair... Thérèse mesure de l'œil le chemin qu'a parcouru sa pensée. Obtiendra-t-elle que Bernard la suive jusque-là? Elle n'ose espérer qu'il consente à cheminer à pas si lents sur cette route tortueuse; pourtant rien n'est dit de l'essentiel: "Quand j'aurai atteint avec lui ce défilé où me voilà, tout me restera encore à découvrir." Elle se penche sur sa propre énigme, interroge la jeune bourgeoise mariée dont chacun louait la sagesse, lors de son établissement à Saint-Clair, ressuscite les premières semaines vécues dans la maison fraîche et sombre de ses beaux-parents. Du côté de la grand-place les volets en sont toujours clos; mais, à gauche, une grille livre aux regards le jardin embrasé d'héliotropes, de géraniums, de pétunias. Entre le couple la Trave embusqué au fond d'un petit salon ténébreux, au rez-de-chaussée, et Anne errant dans ce jardin d'où il lui était interdit de sortir, Thérèse allait et venait, confidente, complice. Elle disait aux la Trave: "Donnez-vous les gants de céder un peu, offrez-lui de voyager avant de prendre aucune décision: j'obtiendrai qu'elle vous obéisse sur ce point; pendant votre absence, j'agirai." Comment? Les la Trave entrevoyaient qu'elle lierait connaissance avec le jeune Azévédo: "Vous ne pouvez rien attendre d'une attaque directe, ma mère." A en croire madame de la Trave, rien n'avait transpiré encore, Dieu merci. La receveuse, mademoiselle Monod, était seule dans la confidence; elle avait arrêté plusieurs lettres d'Anne: "mais cette fille, c'est un tombeau. D'ailleurs, nous la tenons... elle ne jasera pas."

"Tâchons de la faire souffrir le moins possible..." répétait Victor de la Trave; mais lui, qui naguère cédait aux plus absurdes caprices d'Anne, ne pouvait qu'approuver sa femme, disant: "On ne fait pas d'omelette sans casser les œufs..." et encore: "Elle nous remerciera un jour." Oui, mais d'ici là, ne tomberait-elle pas malade? Les deux époux se taisaient, l'œil vague; sans doute suivaient-ils en esprit, dans le grand soleil, leur enfant consumée, à qui faisait horreur toute nourriture: elle écrase des fleurs qu'elle ne voit pas, longe les grilles à pas de biche, cherchant une issue... Madame de la Trave secouait la tête: "Je ne peux pourtant pas boire son jus de viande à sa place, n'est-ce pas? Elle se gave de fruits au jardin, afin de pouvoir laisser pendant le repas son assiette vide." Et Victor de la Trave: "Elle nous reprocherait plus tard d'avoir donné notre consentement... Et quand ce ne serait qu'à cause des malheureux qu'elle mettrait au monde..." Sa femme lui en voulait de ce qu'il avait l'air de chercher des excuses: "Heureusement que les Deguilhem ne sont pas rentrés. Nous avons la chance qu'ils tiennent à ce mariage comme à la prunelle de leurs yeux..." Ils attendaient que Thérèse eût quitté la salle, pour se demander l'un à l'autre: "Mais qu'est-ce qu'on lui a fourré dans la tête au couvent? Ici, elle n'a eu que de bons exemples; nous avons surveillé ses lectures... Thérèse dit qu'il n'y a rien de pire, pour tourner la tête aux jeunes filles, que les romans d'amour de *l'œuvre des bons livres*... mais elle est tellement paradoxale... D'ailleurs Anne, Dieu merci, n'a pas la manie de lire; je n'ai jamais eu d'observations à lui faire sur ce point. En cela, elle est bien une femme de la famille. Au fond, si nous pouvions arriver à la changer d'air... Tu te rappelles comme Salies lui avait fait du bien après cette rougeole compliquée de bronchite? Nous irons où elle voudra, je ne peux pas mieux dire. Voilà une enfant bien à plaindre, en vérité." M. de la Trave soupirait à mi-voix: "Oh! un voyage avec nous... Rien! rien!" répondait-il à sa femme qui, un peu sourde, l'interrogeait: "Qu'est-ce que tu as dit?" Du fond de cette fortune où il avait fait son trou, quel voyage d'amour se rappelait ce vieil homme, soudain, quelles heures bénies de sa jeunesse amoureuse?

Au jardin, Thérèse avait rejoint la jeune fille dont les robes de l'année dernière étaient devenues trop larges: "Eh bien?" criait Anne dès qu'approchait son amie. Cendre des allées, prairies sèches et crissantes, odeur des géraniums grillés, et cette jeune fille plus consumée, dans l'après-midi d'août, qu'aucune plante, il n'est rien que Thérèse ne retrouve dans son cœur. Quelquefois des averses orageuses les obligeaient à s'abriter dans la serre; les grêlons faisaient retentir les vitres.

"Qu'est-ce que cela te fait de partir, puisque tu ne le vois pas?

— Je ne le vois pas, mais je sais qu'il respire à dix kilomètres d'ici. Quand le vent souffle de l'Est, je sais qu'il entend la cloche en même temps que moi. Ça te serait-il égal que Bernard fût à Argelouse ou à Paris? Je ne vois pas Jean, mais je sais qu'il n'est pas loin. Le dimanche, à la messe, je n'essaie même pas de tourner la tête, puisque de nos places, l'autel seul est visible, et qu'un pilier nous isole de l'assistance. Mais à la sortie...

— Il n'y était pas dimanche?"

Thérèse le savait, elle savait qu'Anne entraînée par sa mère avait en vain cherché dans la foule un visage absent.

"Peut-être était-il malade... On arrête ses lettres; je ne peux rien savoir.

— C'est tout de même étrange qu'il ne trouve pas le moyen de faire passer un mot.

— Si tu voulais, Thérèse... Oui, je sais bien que ta position est délicate...

— Consens à ce voyage, et pendant ton absence, peut-être...

— Je ne peux pas m'éloigner de lui.

— De toutes façons il s'en ira, ma chérie. Dans quelques semaines il quittera Argelouse.

— Ah! tais-toi. C'est une pensée insoutenable. Et pas un mot de lui pour m'aider à vivre. J'en meurs déjà: il faut qu'à chaque instant je me rappelle ses paroles qui m'avaient donné le plus de joie; mais à force de me les répéter, je n'arrive plus à être bien sûre qu'il les ait dites en effet; tiens, celle-ci, à notre dernière entrevue, je crois l'entendre encore: 'Il n'y a personne dans ma vie que vous...' Il a dit ça, à moins que ce soit: 'Vous êtes ce que j'ai de plus cher dans ma vie...' Je ne peux me rappeler exactement."

Les sourcils froncés, elle cherchait l'écho de la parole consolatrice dont elle élargissait le sens à l'infini.

"Enfin comment est-il, ce garçon?

— Tu ne peux pas imaginer.

— Il ressemble si peu aux autres?

— Je voudrais te le peindre... mais il est tellement au-delà de ce que je saurais dire... Après tout, peut-être le jugerais-tu très ordinaire... Mais je suis bien sûre que non."

Elle ne distinguait plus rien de particulier dans le jeune homme éblouissant de tout l'amour qu'elle lui portait. "Moi, songeait Thérèse, la passion me rendrait plus lucide; rien ne m'échapperait de l'être dont j'aurais envie."

"Thérèse, si je me résignais à ce voyage, tu le verrais, tu me rapporterais ses paroles? Tu lui ferais passer mes lettres? Si je pars, si j'ai le courage de partir..."

Thérèse quittait le royaume de la lumière et du feu et pénétrait de nouveau, comme une guêpe sombre, dans le bureau où les parents attendaient que la chaleur fût tombée et que leur fille fût réduite. Il fallut beaucoup de ces allées et venues pour décider enfin Anne au départ. Et sans doute Thérèse n'y fût-elle jamais parvenue sans le retour imminent des Deguilhem. Elle tremblait devant ce nouveau péril. Thérèse lui répétait que pour un garçon si riche "il n'était pas mal, ce Deguilhem".

"Mais, Thérèse, je l'ai à peine regardé: il a des lorgnons, il est chauve, c'est un vieux.

— Il a vingt-neuf ans...

— C'est ce que je dis: c'est un vieux; — et puis, vieux ou pas vieux..."

Au repas du soir, les la Trave parlaient de Biarritz, s'inquiétaient d'un hôtel. Thérèse observait Anne, ce corps immobile et sans âme. "Force-toi un peu... on se force", répétait madame de la Trave. D'un geste d'automate, Anne approchait la cuiller de sa bouche. Aucune lumière dans les yeux. Rien ni personne pour elle n'existait, hors cet absent. Un sourire parfois errait sur ses lèvres, au souvenir d'une parole entendue, d'une caresse reçue, à l'époque où dans une cabane de brandes, la main trop forte de Jean Azévédo déchirait un peu sa blouse. Thérèse regardait le buste de Bernard penché sur l'assiette: comme il était assis à contre-jour, elle ne voyait pas sa face; mais elle entendait cette lente mastication, cette rumination de la nourriture sacrée. Elle quittait la table. Sa belle-mère disait: "Elle aime mieux qu'on ne s'en aperçoive pas. Je voudrais la dorloter, mais elle n'aime pas à être soignée. Ses malaises, c'est le moins qu'on puisse avoir dans son état. Mais elle a beau dire: elle fume trop." Et la dame rappelait des souvenirs de grossesse: "Je me souviens que quand je t'attendais, je devais respirer une balle de caoutchouc: il n'y avait que ça pour me remettre l'estomac en place."

"Thérèse, où es-tu?

— Ici, sur le banc.

— Ah! oui: je vois ta cigarette."

Anne s'asseyait, appuyait sa tête contre une épaule immobile, regardait le ciel, disait: "Il voit ces étoiles, il entend l'angélus..." Elle disait encore: "Embrasse-moi, Thérèse." Mais Thérèse ne se penchait pas vers cette tête confiante. Elle demandait seulement:

"Tu souffres?

— Non, ce soir, je ne souffre pas: j'ai compris que, d'une façon ou de l'autre, je le rejoindrai. Je suis tranquille maintenant. L'essentiel est qu'il le sache; et il va le savoir par toi: je suis décidée à ce voyage. Mais au retour, je passerai à travers les murailles; tôt ou tard, je m'abattrai contre son cœur; de cela je suis sûre comme de ma propre vie. Non, Thérèse, non: toi, du moins, ne me fais pas de morale, ne me parle pas de la famille...

— Je ne songe pas à la famille, chérie, mais à lui: on ne tombe pas ainsi dans la vie d'un homme: il a sa famille lui aussi, ses intérêts, son travail, une liaison peut-être...

— Non, il m'a dit: 'Je n'ai que vous dans ma vie...' et une autre fois: 'Notre amour est la seule chose à quoi je tienne en ce moment...'

— "En ce moment?"

— Qu'est-ce que tu crois? Tu crois qu'il ne parlait que de la minute présente?"

Thérèse n'avait plus besoin de lui demander si elle souffrait: elle l'entendait souffrir dans l'ombre; mais sans aucune pitié. Pourquoi aurait-elle eu pitié? Qu'il doit être doux de répéter un nom, un prénom qui désigne un certain être auquel on est lié par le cœur étroitement! La seule pensée qu'il est vivant, qu'il respire, qu'il s'endort, le soir, la tête sur son bras replié, qu'il s'éveille à l'aube, que son jeune corps déplace la brume...

"Tu pleures, Thérèse? C'est à cause de moi que tu pleures? Tu m'aimes, toi."

La petite s'était mise à genoux, avait appuyé sa tête contre le flanc de Thérèse et, soudain, s'était redressée:

"J'ai senti sous mon front je ne sais quoi qui remue...

— Oui, depuis quelques jours, il bouge.

— Le petit?

— Oui: il est vivant déjà."

Elles étaient revenues vers la maison, enlacées comme naguère sur la route du Nizan, sur la route d'Argelouse. Thérèse se souvient qu'elle avait peur de ce fardeau tressaillant; que de passions, au plus profond de son être, devait pénétrer cette chair informe encore! Elle se revoit, ce soir-là, assise dans sa chambre, devant la fenêtre ouverte; (Bernard lui avait crié depuis le jardin: "N'allume pas à cause des moustiques"). Elle avait compté les mois jusqu'à cette naissance; elle aurait voulu connaître un Dieu pour obtenir de lui que cette créature inconnue, toute mêlée encore à ses entrailles, ne se manifestât jamais.

VI

L'étrange est que Thérèse ne se souvient des jours qui suivirent le départ d'Anne et des la Trave que comme d'une époque de torpeur. A Argelouse, où il avait été entendu qu'elle trouverait le joint pour agir sur cet Azévédo et pour lui faire lâcher prise, elle ne songeait qu'au repos, au sommeil. Bernard avait consenti à ne pas habiter sa maison, mais celle de Thérèse, plus confortable et où la tante Clara leur épargnait tous les ennuis du ménage. Qu'importait à Thérèse les autres? Qu'ils s'arrangent seuls. Rien ne lui plaisait que cette hébétude jusqu'à ce qu'elle fût délivrée. Bernard l'irritait, chaque matin, en lui rappelant sa promesse d'aborder Jean Azévédo. Mais Thérèse le rabrouait: elle commençait de le supporter moins aisément. Il se peut que son état de grossesse, comme le croyait Bernard, ne fût pas étranger à cette humeur. Lui-même subissait alors les premières atteintes d'une obsession si commune aux gens de sa race, bien qu'il soit rare qu'elle se manifeste avant la trentième année: cette peur de la mort d'abord étonnait chez un garçon bâti à chaux et à sable. Mais que lui répondre quand il protestait: "Vous ne savez pas ce que j'éprouve? ..." Ces corps de gros mangeurs, issus d'une race oisive et trop nourrie, n'ont que l'aspect de la puissance. Un pin planté dans la terre engraissée d'un champ bénéficie d'une croissance rapide; mais très tôt le cœur de l'arbre pourrit et, dans sa pleine force, il faut l'abattre. "C'est nerveux", répétait-on à Bernard; mais lui sentait bien cette paille à même le métal, — cette fêlure. Et puis, c'était inimaginable: il ne mangeait plus, il n'avait plus faim. "Pourquoi ne vas-tu pas consulter?" Il haussait les épaules, affectait le détachement; au vrai, l'incertitude lui paraissait moins redoutable qu'un verdict de mort, peut-être. La nuit, un râle parfois réveillait Thérèse en sursaut: la main de Bernard prenait sa main et il l'appuyait contre son sein gauche pour qu'elle se rendît compte des intermittences. Elle allumait la bougie, se levait, versait du valérianate dans un verre d'eau. Quel hasard, songeait-elle, que cette mixture fût bienfaisante! Pourquoi pas mortelle? Rien ne calme, rien n'endort vraiment, si ce n'est pour l'éternité. Cet homme geignard, pourquoi donc avait-il si peur de ce qui sans retour l'apaiserait? Il s'endormait avant elle. Comment attendre le sommeil auprès de ce grand corps dont les ronflements parfois tournaient à l'angoisse? Dieu merci, il ne l'approchait plus, — l'amour lui paraissant, de tous les exercices, le plus dangereux pour son cœur. Les coqs de l'aube éveillaient les métairies. L'angélus de Saint-Clair tintait dans le vent d'Est; les yeux de Thérèse enfin se fermaient. Alors s'agitait de nouveau le corps de l'homme: il s'habillait vite, en paysan (à peine trempait-il sa tête dans l'eau froide). Il filait comme un chien à la cuisine, friand des restes du garde-manger; déjeunait sur le pouce d'une carcasse, d'une tranche de confit froid, ou encore d'une grappe de raisin et d'une croûte frottée d'ail; son seul bon repas de la journée! Il jetait des morceaux à Flambeau et à Diane dont claquaient les mâchoires. Le brouillard avait l'odeur de l'automne. C'était l'heure où Bernard ne souffrait plus, où il sentait de nouveau en lui sa jeunesse toute-puissante. Bientôt passeraient les palombes: il fallait s'occuper des appeaux, leur crever les yeux. A onze heures, il retrouvait Thérèse encore couchée.

"Eh bien? Et le fils Azévédo? Tu sais que mère attend des nouvelles à Biarritz, poste restante?

— Et ton cœur?

— Ne me parle pas de mon cœur. Il suffit que tu m'en parles pour que je le sente de nouveau. Évidemment, ça prouve que c'est nerveux... Tu crois aussi que c'est nerveux?"

Elle ne lui donnait jamais la réponse qu'il désirait:

"On ne sait jamais; toi seul connais ce que tu éprouves. Ce n'est pas une raison parce que ton père est mort d'une angine de poitrine... surtout à ton âge... Évidemment le cœur est la partie faible des Desqueyroux. Que tu es drôle, Bernard, avec ta peur de la mort! N'éprouves-tu jamais, comme moi, le sentiment profond de ton inutilité? Non? Ne penses-tu pas que la vie des gens de notre espèce ressemble déjà terriblement à la mort?"

Il haussait les épaules: elle l'assommait avec ses paradoxes. Ce n'est pas malin d'avoir de l'esprit: on n'a qu'à prendre en tout le contre-pied de ce qui est raisonnable. Mais elle avait tort, ajoutait-il, de se mettre en dépense avec lui; mieux valait se réserver pour son entrevue avec le fils Azévédo.

"Tu sais qu'il doit quitter Vilméja vers la mi-octobre?"

A Villandraut, la station qui précède Saint-Clair, Thérèse songe: "Comment persuader Bernard que je n'ai pas aimé ce garçon? Il va croire sûrement que je l'ai adoré. Comme tous les êtres à qui l'amour est profondément inconnu, il s'imagine qu'un crime comme celui dont on m'accuse ne peut être que passionnel." Il faudrait que Bernard comprît qu'à cette époque, elle était très éloignée de le haïr, bien qu'il lui parût souvent importun; mais elle n'imaginait pas qu'un autre homme lui pût être de quelque secours. Bernard, tout compte fait, n'était pas si mal. Elle exécrait dans les romans la peinture d'êtres extraordinaires et tels qu'on n'en rencontre jamais dans la vie.

Le seul homme supérieur qu'elle crût connaître, c'était son père. Elle s'efforçait de prêter quelque grandeur à ce radical entêté, méfiant, qui jouait sur plusieurs tableaux: propriétaire-industriel (outre une scierie à B., il traitait lui-même sa résine et celle de son nombreux parentage dans une usine à Saint-Clair). — Politicien surtout à qui ses manières cassantes avaient fait du tort, mais très écouté à la préfecture. Et quel mépris des femmes! même de Thérèse à l'époque où chacun louait son intelligence. Et depuis le drame: "toutes des hystériques quand elles ne sont pas des idiotes!" répétait-il à l'avocat. Cet anticlérical se montrait volontiers pudibond. Bien qu'il fredonnât parfois un refrain de Béranger, il ne pouvait souffrir qu'on touchât devant lui à certains sujets, devenait pourpre comme un adolescent. Bernard tenait de M. de la Trave que monsieur Larroque s'était marié vierge: "depuis qu'il est veuf, ces messieurs m'ont souvent répété qu'on ne lui connaît pas de maîtresse. C'est un type, ton père!" Oui, c'était un type. Mais si, de loin, elle se faisait de lui une image embellie, Thérèse, dès qu'il était là, mesurait sa bassesse. Il venait peu à Saint-Clair, plus souvent à Argelouse, car il n'aimait pas à rencontrer les la Trave. En leur présence, et bien qu'il fût interdit de parler politique, dès le potage naissait le débat imbécile qui tournait vite à l'aigre. Thérèse aurait eu honte de s'en mêler: elle mettait son orgueil à ne pas ouvrir la bouche, sauf si l'on touchait à la question religieuse. Alors elle se précipitait au secours de M. Larroque. Chacun criait, au point que la tante Clara elle-même percevait des bribes de phrases, se jetait dans la mêlée, et avec sa voix affreuse de sourde donnait libre cours à sa passion de vieille radicale "qui sait ce qui se passe dans les couvents"; au fond (songeait Thérèse), plus croyante qu'aucun la Trave, mais en guerre ouverte contre l'Être infini qui avait permis qu'elle fût sourde et laide, qu'elle mourût sans avoir jamais été aimée ni possédée. Depuis le jour où madame de la Trave avait quitté la table, on évita d'un commun accord la métaphysique. La politique, d'ailleurs, suffisait à mettre hors des gonds ces personnes qui, de droite ou de gauche, n'en demeuraient pas moins d'accord sur ce principe essentiel: la propriété est l'unique bien de ce monde, et rien ne vaut de vivre que de posséder la terre. Mais faut-il faire ou non la part du feu? Et si l'on s'y résigne, dans quelle mesure? Thérèse, "qui avait la propriété dans le sang", eût voulu qu'avec ce cynisme la question fût posée, mais elle haïssait les faux semblants dont les Larroque et les la Trave masquaient leur commune passion. Quand son père proclamait "un dévouement indéfectible à la démocratie", elle l'interrompait: "Ce n'est pas la peine, nous sommes seuls." Elle disait que le sublime en politique lui donnait la nausée; le tragique du conflit des classes lui échappait dans un pays où le plus pauvre est propriétaire, n'aspire qu'à l'être davantage; où le goût commun de la terre, de la chasse, du manger et du boire, crée entre tous, bourgeois et paysans, une fraternité étroite. Mais Bernard avait, en outre, de l'instruction; on disait de lui qu'il était sorti de son trou; Thérèse elle-même se félicitait de ce qu'il était un homme avec lequel on peut causer: "En somme, très supérieur à son milieu..." Ainsi le jugea-t-elle jusqu'au jour de sa rencontre avec Jean Azévédo.

C'était l'époque où la fraîcheur de la nuit demeure toute la matinée; et dès la collation, aussi chaud qu'ait été le soleil, un peu de brume annonce de loin le crépuscule. Les premières palombes passaient, et Bernard ne rentrait guère que le soir. Ce jour-là pourtant, après une mauvaise nuit, il était allé d'une traite à Bordeaux, pour se faire examiner.

"Je ne désirais rien alors, songe Thérèse, j'allais, une heure, sur la route parce qu'une femme enceinte doit marcher un peu. J'évitais les bois, où, à cause des palombières, il faut s'arrêter à chaque instant, siffler, attendre que le chasseur, d'un cri, vous autorise à repartir; mais parfois un long sifflement répond au vôtre: un vol s'est abattu dans les chênes; il faut se tapir. Puis je rentrais; je somnolais devant le feu du salon ou de la cuisine, servie en tout par tante Clara. Pas plus qu'un dieu ne regarde sa servante, je ne prêtais d'attention à cette vieille fille toujours nasillant des histoires de cuisine et de métairie; elle parlait, elle parlait afin de n'avoir pas à essayer d'entendre: presque toujours des anecdotes sinistres touchant les métayers qu'elle soignait, qu'elle veillait avec un dévouement lucide: vieillards réduits à mourir de faim, condamnés au travail jusqu'à la mort, infirmes abandonnés, femmes asservies à d'exténuantes besognes. Avec une sorte d'allégresse, tante Clara citait dans un patois innocent leurs mots les plus atroces. Au vrai, elle n'aimait que moi qui ne la voyais même pas se mettre à genoux, délacer mes souliers, enlever mes bas, réchauffer mes pieds dans ses vieilles mains.

Balion venait aux ordres lorsqu'il devait se rendre, le lendemain, à Saint-Clair. Tante Clara dressait la liste des commissions, réunissait les ordonnances pour les malades d'Argelouse: "Vous irez en premier lieu à la pharmacie; Darquey n'aura pas trop de la journée pour préparer les drogues..."

Ma première rencontre avec Jean... Il faut que je me rappelle chaque circonstance: j'avais choisi d'aller à cette palombière abandonnée où je goûtais naguère auprès d'Anne et où je savais que, depuis, elle avait aimé rejoindre cet Azévédo. Non, ce n'était point, dans mon esprit, un pèlerinage. Mais les pins, de ce côté, ont trop grandi pour qu'on y puisse guetter les palombes: je ne risquais pas de déranger les chasseurs. Cette palombière ne pouvait plus servir car la forêt, à l'entour, cachait l'horizon; les cimes écartées ne ménageaient plus ces larges avenues de ciel où le guetteur voit surgir les vols. Rappelle-toi: ce soleil d'octobre brûlait encore; je peinais sur ce chemin de sable; les mouches me harcelaient. Que mon ventre était lourd! J'aspirais à m'asseoir sur le banc pourri de la palombière. Comme j'en ouvrais la porte, un jeune homme sortit, tête nue; je reconnus, au premier regard, Jean Azévédo, et d'abord imaginai que je troublais un rendez-vous, tant son visage montrait de confusion. Mais je voulus en vain prendre le large; c'était étrange qu'il ne songeât qu'à me retenir: "Mais non, entrez, Madame; je vous jure que vous ne me dérangez pas du tout."

Je fus étonnée qu'il n'y eût personne dans la cabane où je pénétrai, sur ses instances. Peut-être la bergère avait-elle fui par une autre issue? Mais aucune branche n'avait craqué. Lui aussi m'avait reconnue, et d'abord le nom d'Anne de la Trave lui vint aux lèvres. J'étais assise; lui, debout, comme sur la photographie. Je regardais, à travers la chemise de tussor, l'endroit où j'avais enfoncé l'épingle: curiosité dépouillée de toute passion. Était-il beau? Un front construit, — les yeux veloutés de sa race, — de trop grosses joues; — et puis ce qui me dégoûte dans les garçons de cet âge: des boutons, les signes du sang en mouvement; tout ce qui suppure; surtout ces paumes moites qu'il essuyait avec un mouchoir, avant de vous serrer la main. Mais son beau regard brûlait; j'aimais cette grande bouche toujours un peu ouverte sur des dents aiguës: gueule d'un jeune chien qui a chaud. Et moi, comment étais-je? Très famille, je me souviens. Déjà je le prenais de haut, l'accusais, sur un ton solennel, "de porter le trouble et la division dans un intérieur honorable". Ah! rappelle-toi sa stupéfaction non jouée, ce juvénile éclat de rire: "Alors, vous croyez que je veux l'épouser? Vous croyez que je brigue cet honneur?" Je mesurai d'un coup d'œil, avec stupeur, cet abîme entre la passion d'Anne et l'indifférence du garçon. Il se défendait avec feu: certes, comment ne pas céder au charme d'une enfant délicieuse? Il n'est point défendu de jouer; et justement parce qu'il ne pouvait même être question de mariage entre eux, le jeu lui avait paru anodin. Sans doute avait-il feint de partager les intentions d'Anne... et comme, juchée sur mes grands chevaux, je l'interrompais, il repartit avec véhémence qu'Anne elle-même pouvait lui rendre ce témoignage qu'il avait su ne pas aller trop loin; que, pour le reste, il ne doutait point que Mlle de la Trave lui dût les seules heures de vraie passion qu'il lui serait sans doute donné de connaître durant sa morne existence: "Vous me dites qu'elle souffre, madame; mais croyez-vous qu'elle ait rien de meilleur à attendre de sa destinée que cette souffrance? Je vous connais de réputation; je sais qu'on peut vous dire ces choses et que vous ne ressemblez pas aux gens d'ici. Avant qu'elle ne s'embarque pour la plus lugubre traversée à bord d'une vieille maison de Saint-Clair, j'ai pourvu Anne d'un capital de sensations, de rêves, — de quoi la sauver peut-être du désespoir et, en tout cas, de l'abrutissement." Je ne me souviens plus si je fus crispée par cet excès de prétention, d'affectation, ou si même j'y fus sensible. Au vrai, son débit était si rapide que d'abord je ne le suivais pas; mais bientôt mon esprit s'accoutuma à cette volubilité: "Me croire capable, moi, de souhaiter un tel mariage; de jeter l'ancre dans ce sable; ou de me charger à Paris d'une petite fille? Je garderai d'Anne une image adorable, certes; et au moment où vous m'avez surpris, je pensais à elle justement... Mais comment peut-on se fixer, madame? Chaque minute doit apporter sa joie, — une joie différente de toutes celles qui l'ont précédée."

Cette avidité d'un jeune animal, cette intelligence dans un seul être, cela me paraissait si étrange que je l'écoutais sans l'interrompre. Oui, décidément, j'étais éblouie: à peu de frais, grand Dieu! Mais je l'étais. Je me rappelle ce piétinement, ces cloches, ces cris sauvages de bergers qui annonçaient de loin l'approche d'un troupeau. Je dis au garçon que peut-être cela paraîtrait drôle que nous fussions ensemble dans cette cabane; j'aurais voulu qu'il répondît que mieux valait ne faire aucun bruit jusqu'à ce que fût passé le troupeau; je me serais réjouie de ce silence côte à côte, de cette complicité (déjà je devenais, moi aussi, exigeante, et souhaitais que chaque minute m'apportât de quoi vivre). Mais Jean Azévédo ouvrit sans protester la porte de la palombière et, cérémonieusement, s'effaça. Il ne me suivit jusqu'à Argelouse qu'après s'être assuré que je n'y voyais point d'obstacle. Ce retour, qu'il me parut rapide, bien que mon compagnon ait trouvé le temps de toucher à mille sujets! il rajeunissait étrangement ceux que je croyais un peu connaître: par exemple, sur la question religieuse, comme je reprenais ce que j'avais coutume de dire en famille, il m'interrompait: "Oui, sans doute... mais c'est plus compliqué que cela..." En effet, il projetait dans le débat des clartés qui me paraissaient admirables... Étaient-elles en somme si admirables?... Je crois bien que je vomirais aujourd'hui ce ragoût: il disait qu'il avait longtemps cru que rien n'importait hors la recherche, la poursuite de Dieu: "S'embarquer, prendre la mer, fuir comme la mort ceux qui se persuadent d'avoir trouvé, s'immobilisent, bâtissent des abris pour y dormir; longtemps je les ai méprisés..."

Il me demanda si j'avais lu *La Vie du Père de Foucauld* par René Bazin; et comme j'affectais de rire, il m'assura que ce livre l'avait bouleversé: "Vivre dangereusement, au sens profond, ajouta-t-il, ce n'est peut-être pas tant de chercher Dieu que de le trouver et, l'ayant découvert, que de demeurer dans son orbite." Il me décrivit: "la grande aventure des mystiques", se plaignit de son tempérament qui lui interdisait de la tenter, "mais aussi loin qu'allait son souvenir, il ne se rappelait pas avoir été pur". Tant d'impudeur, cette facilité à se livrer, que cela me changeait de la discrétion provinciale, du silence que chez nous chacun garde sur sa vie intérieure! Les ragots de Saint-Clair ne touchent qu'aux apparences: les cœurs ne se découvrent jamais. Que sais-je de Bernard, au fond? N'y a-t-il pas en lui infiniment plus que cette caricature dont je me contente, lorsqu'il faut me le représenter? Jean parlait et je demeurais muette: rien ne me venait aux lèvres que les phrases habituelles dans nos discussions de famille. De même qu'ici toutes les voitures sont "à la voie", c'est-à-dire assez larges pour que les roues correspondent exactement aux ornières des charrettes, toutes mes pensées, jusqu'à ce jour, avaient été "à la voie" de mon père, de mes beaux-parents. Jean Azévédo allait tête nue; je revois cette chemise ouverte sur une poitrine d'enfant, son cou trop fort. Ai-je subi un charme physique? Ah!

Dieu, non! Mais il était le premier homme que je rencontrais et pour qui comptait, plus que tout, la vie de l'esprit. Ses maîtres, ses amis parisiens dont il me rappelait sans cesse les propos ou les livres, me défendaient de le considérer ainsi qu'un phénomène: il faisait partie d'une élite nombreuse, "ceux qui existent", disait-il. Il citait des noms, n'imaginant même pas que je les pusse ignorer; et je feignais de ne pas les entendre pour la première fois.

Lorsqu'au détour de la route apparut le champ d'Argelouse: "Déjà!" m'écriai-je. Des fumées d'herbes brûlées traînaient au ras de cette pauvre terre qui avait donné son seigle; par une entaille dans le talus, un troupeau coulait comme du lait sale et paraissait brouter le sable. Il fallait que Jean traversât le champ pour atteindre Vilméja. Je lui dis: "Je vous accompagne; toutes ces questions me passionnent." Mais nous ne trouvâmes plus rien à nous dire. Les tiges coupées du seigle, à travers les sandales, me faisaient mal. J'avais le sentiment qu'il souhaitait d'être seul, sans doute pour suivre à loisir une pensée qui lui était venue. Je lui fis remarquer que nous n'avions pas parlé d'Anne; il m'assura que nous n'étions pas libres de choisir le sujet de nos colloques, ni d'ailleurs de nos méditations: "ou alors, ajouta-t-il avec superbe, il faut se plier aux méthodes inventées par les mystiques... Les êtres comme nous suivent toujours des courants, obéissent à des pentes..." ainsi ramenait-il tout à ses lectures de ce moment-là. Nous prîmes rendez-vous pour arrêter, au sujet d'Anne, un plan de conduite. Il parlait distraitement et, sans répondre à une question que je lui faisais, il se baissa: d'un geste d'enfant, il me montrait un cèpe, qu'il approcha de son nez, de ses lèvres.

VII

Bernard, sur le seuil, guettait le retour de Thérèse: "Je n'ai rien!
Je n'ai rien! cria-t-il, dès qu'il aperçut sa robe dans l'ombre.
Crois-tu que, bâti comme tu me vois, je suis anémique? C'est à ne
pas croire et c'est pourtant vrai: il ne faut pas se fier à l'apparence;
je vais suivre un traitement... le traitement Fowler: c'est de
l'arsenic; l'important est que je retrouve l'appétit..."

Thérèse se souvient que d'abord elle ne s'irrita pas: tout ce qui
lui venait de Bernard l'atteignait moins que d'habitude (comme si
le coup eût été porté de plus loin). Elle ne l'entendait pas, le corps
et l'âme orientés vers un autre univers où vivent des êtres avides
et qui ne souhaitent que connaître, que comprendre, — et, selon
un mot qu'avait répété Jean avec un air de satisfaction profonde,
"devenir ce qu'ils sont". Comme, à table, elle parlait enfin de sa
rencontre, Bernard lui cria: "Tu ne me le disais pas? quel drôle de
type tu es tout de même! Eh bien? Qu'est-ce que vous avez
décidé?"

Elle improvisa aussitôt le plan qui devait être en effet suivi:
Jean Azévédo acceptait d'écrire une lettre à Anne où il saurait en
douceur lui enlever tout espoir. Bernard s'était esclaffé lorsque
Thérèse lui avait soutenu que le jeune homme ne tenait pas du
tout à ce mariage: un Azévédo ne pas tenir à épouser Anne de la
Trave! "Ah ça? tu es folle? Tout simplement, il sait qu'il n'y a
rien à faire; ces gens-là ne se risquent pas lorsqu'ils sont sûrs de
perdre. Tu es encore naïve, ma petite."

A cause des moustiques, Bernard n'avait pas voulu que la
lampe fût allumée; ainsi ne vit-il pas le regard de Thérèse. "Il
avait retrouvé appétit", comme il disait. Déjà ce médecin de
Bordeaux lui avait rendu la vie.

"Ai-je souvent revu Jean Azévédo? Il a quitté Argelouse vers
la fin d'octobre... Peut-être fîmes-nous cinq ou six promenades;
je n'isole que celle où nous nous occupâmes de rédiger ensemble

la lettre pour Anne. Le naïf garçon s'arrêtait à des formules qu'il croyait apaisantes, et dont je sentais, sans lui en rien dire, toute l'horreur. Mais nos dernières courses, je les confonds dans un souvenir unique. Jean Azévédo me décrivait Paris, ses camaraderies, et j'imaginais un royaume dont la loi eût été de 'devenir soi-même'. 'Ici vous êtes condamnée au mensonge jusqu'à la mort.' Prononçait-il de telles paroles avec intention? De quoi me soupçonnait-il? C'était impossible, à l'entendre, que je pusse supporter ce climat étouffant: 'Regardez, me disait-il, cette immense et uniforme surface de gel où toutes les âmes ici sont prises; parfois une crevasse découvre l'eau noire: quelqu'un s'est débattu, a disparu; la croûte se reforme... car chacun, ici comme ailleurs, naît avec sa loi propre; ici comme ailleurs, chaque destinée est particulière; et pourtant il faut se soumettre à ce morne destin commun; quelques-uns résistent: d'où ces drames sur lesquels les familles font silence. Comme on dit ici: 'Il faut faire le silence...' '

'Ah! oui! m'écriai-je. Parfois je me suis enquis de tel grand-oncle, de telle aïeule, dont les photographies ont disparu de tous les albums, et je n'ai jamais recueilli de réponse, sauf, une fois, cet aveu: 'Il a disparu... on l'a fait disparaître.' '

Jean Azévédo redoutait-il pour moi ce destin? Il assurait que l'idée ne lui serait pas venue d'entretenir Anne de ces choses, parce que, en dépit de sa passion, elle était une âme toute simple, à peine rétive, et qui bientôt serait asservie; 'Mais vous! Je sens dans toutes vos paroles une faim et une soif de sincérité...' Faudra-t-il rapporter exactement ces propos à Bernard? Folie d'espérer qu'il y puisse rien entendre! Qu'il sache, en tout cas, que je ne me suis pas rendue sans lutte. Je me rappelle avoir opposé au garçon qu'il parait de phrases habiles le plus vil consentement à la déchéance. J'eus même recours à des souvenirs de lectures morales qu'on nous faisait au lycée. 'Être soi-même? répétai-je, mais nous ne sommes que dans la mesure où nous nous créons.' (Inutile de développer; mais peut-être faudra-t-il développer pour Bernard.) Azévédo niait qu'il existât une déchéance pire que celle de se renier. Il prétendait qu'il n'était pas de héros ni de saint qui n'eût fait plus d'une fois le tour de soi-même, qui n'eût d'abord atteint toutes ses limites: 'Il faut se dépasser pour trouver Dieu', répétait-il. Et encore: 'S'accepter, cela oblige les meilleurs d'entre nous à s'affronter eux-mêmes, mais à visage découvert et dans un combat sans ruse. Et c'est pourquoi il arrive souvent que ces affranchis se convertissent à la religion la plus étroite.'

Ne pas discuter avec Bernard le bien-fondé de cette morale; — lui accorder même que ce sont là sans doute de pauvres sophismes; mais qu'il comprenne, qu'il s'efforce de comprendre jusqu'où une femme de mon espèce en pouvait être atteinte et ce que j'éprouvais, le soir, dans la salle à manger d'Argelouse: Bernard, au fond de la cuisine proche, enlevait ses bottes, racontait en patois les prises de la journée. Les palombes captives se débattaient, gonflaient le sac jeté sur la table; Bernard mangeait lentement, tout à la joie de l'appétit reconquis, — comptait avec amour les gouttes de 'Fowler': 'C'est la santé', répétait-il. Un grand feu brûlait et, au dessert, il n'avait qu'à tourner son fauteuil, pour tendre à la flamme ses pieds chaussés de feutres. Ses yeux se fermaient sur *La Petite Gironde*. Parfois il ronflait, mais aussi souvent je ne l'entendais même pas respirer. Les savates de Balionte traînaient encore à la cuisine; puis elle apportait les bougeoirs. Et c'était le silence: le silence d'Argelouse! Les gens qui ne connaissent pas cette lande perdue ne savent pas ce qu'est le silence: il cerne la maison, comme solidifié dans cette masse épaisse de forêt où rien ne vit, hors parfois une chouette hululante (nous croyons entendre, dans la nuit, le sanglot que nous retenions).

Ce fut surtout après le départ d'Azévédo que je l'ai connu, ce silence. Tant que je savais qu'au jour Jean de nouveau m'apparaîtrait, sa présence rendait inoffensives les ténèbres extérieures; son sommeil proche peuplait les landes et la nuit. Dès qu'il ne fut plus à Argelouse, après cette rencontre dernière où il me donna rendez-vous dans un an, plein de l'espoir, me disait-il, qu'à cette époque je saurais me délivrer (j'ignore encore aujourd'hui s'il parlait ainsi légèrement ou avec une arrière-pensée. J'incline à croire que ce Parisien n'en pouvait plus de silence, du silence d'Argelouse, et qu'il adorait en moi son unique auditoire), dès que je l'eus quitté, je crus pénétrer dans un tunnel indéfini, m'enfoncer dans une ombre sans cesse accrue; et parfois je me demandais si j'atteindrais enfin l'air libre avant l'asphyxie. Jusqu'à mes couches, en janvier, rien n'arriva..."

Ici, Thérèse hésite; s'efforce de détourner sa pensée de ce qui se passa dans la maison d'Argelouse, le surlendemain du départ de Jean: "Non, non, songe-t-elle, cela n'a rien à voir avec ce que je devrai tout à l'heure expliquer à Bernard; je n'ai pas de temps à perdre sur des pistes qui ne mènent à rien." Mais la pensée est rétive; impossible de l'empêcher de courir où elle veut: Thérèse n'anéantira pas dans son souvenir ce soir d'octobre. Au premier étage, Bernard se déshabillait; Thérèse attendait que la bûche fût tout à fait consumée pour le rejoindre, — heureuse de demeurer seule un instant: que faisait Jean Azévédo à cette heure? Peut-être buvait-il dans ce petit bar dont il lui avait parlé; peut-être (tant la nuit était douce) roulait-il en auto, avec un ami, dans le Bois de Boulogne désert. Peut-être travaillait-il à sa table, et Paris grondait au loin; le silence, c'était lui qui le créait, qui le conquérait sur le vacarme du monde; il ne lui était pas imposé du dehors comme celui qui étouffait Thérèse; ce silence était son œuvre et ne s'étendait pas plus loin que la lueur de la lampe, que les rayons chargés de livres... Ainsi songeait Thérèse; et voici que le chien aboya, puis gémit, et une voix connue, une voix exténuée, dans le vestibule, l'apaisait: Anne de la Trave ouvrit la porte; elle arrivait de Saint-Clair à pied, dans la nuit, — les souliers pleins de boue. Dans sa petite figure vieillie, ses yeux brillaient. Elle jeta son chapeau sur un fauteuil; demanda: "Où est-il?"

Thérèse et Jean, la lettre écrite et mise à la poste, avaient cru cette affaire finie, — très loin d'imaginer qu'Anne pût ne pas lâcher prise, — comme si un être cédait à des raisons, à des raisonnements lorsqu'il s'agit de sa vie même! Elle avait pu tromper la surveillance de sa mère et monter dans un train. Sur la route ténébreuse d'Argelouse, la coulée de ciel clair entre les cimes l'avait guidée. "Le tout était de le revoir; si elle le revoyait, il serait reconquis; il fallait le revoir." Elle trébuchait, se tordait les pieds dans les ornières, tant elle avait hâte d'atteindre Argelouse. Et maintenant Thérèse lui dit que Jean est parti, qu'il est à Paris. Anne fait non, de la tête, elle ne la croit pas; elle a besoin de ne pas la croire pour ne pas s'effondrer de fatigue et de désespoir:

"Tu mens comme tu as toujours menti."

Et comme Thérèse protestait, elle ajouta:

"Ah! tu l'as bien, toi, l'esprit de famille! Tu poses pour l'affranchie... Mais depuis ton mariage, tu es devenue d'emblée une femme de la famille... Oui, oui, c'est entendu: tu as cru bien faire; tu me trahissais pour me sauver, hein? Je te fais grâce de tes explications."

Comme elle rouvrait la porte, Thérèse lui demanda où elle allait.

"A Vilméja, chez lui.

— Je te répète qu'il n'y est plus depuis deux jours.

— Je ne te crois pas."

Elle sortit. Thérèse alors alluma la lanterne accrochée dans le vestibule et la rejoignit:

"Tu t'égares, ma petite Anne: tu suis le chemin de Biourge. Vilméja, c'est par là."

Elles traversèrent la brume qui débordait d'une prairie. Des chiens s'éveillèrent. Voici les chênes de Vilméja, la maison non pas endormie mais morte. Anne tourne autour de ce sépulcre vide, frappe à la porte des deux poings. Thérèse, immobile, a posé la lanterne dans l'herbe. Elle voit le fantôme léger de son amie se coller à chaque fenêtre du rez-de-chaussée. Sans doute Anne répète-t-elle un nom, mais sans le crier, sachant que c'est bien inutile. La maison, quelques instants, la cache; elle reparaît, atteint encore la porte, glisse sur le seuil, les bras noués autour des genoux où sa figure se dérobe. Thérèse la relève, l'entraîne. Anne, trébuchant, répète: "Je partirai demain matin pour Paris. Paris n'est pas si grand; je le trouverai dans Paris..." mais du ton d'un enfant à bout de résistance et qui déjà s'abandonne.

Bernard éveillé par le bruit de leurs voix les attendait en robe de chambre, dans le salon. Thérèse a tort de chasser le souvenir de la scène qui éclata entre le frère et la sœur. Cet homme capable de prendre rudement les poignets d'une petite fille exténuée, de la traîner jusqu'à une chambre du deuxième, d'en verrouiller la porte, c'est ton mari, Thérèse: ce Bernard qui, d'ici deux heures, sera ton juge. L'esprit de famille l'inspire, le sauve de toute hésitation. Il sait toujours, en toute circonstance, ce qu'il convient de faire dans l'intérêt de la famille. Pleine d'angoisse, tu prépares un long plaidoyer; mais seuls, les hommes sans principes peuvent céder à une raison étrangère. Bernard se moque bien de tes arguments: "Je sais ce que j'ai à faire". Il sait toujours ce qu'il a à faire. Si parfois il hésite, il dit: "Nous en avons parlé en famille et nous avons jugé que..."; comment peux-tu douter qu'il n'ait préparé sa sentence? Ton sort est fixé à jamais: tu ferais aussi bien de dormir.

VIII

Après que les la Trave eurent ramené Anne vaincue à Saint-Clair, Thérèse, jusqu'aux approches de sa délivrance, n'avait plus quitté Argelouse. Elle en connut vraiment le silence, durant ces nuits démesurées de novembre. Une lettre adressée à Jean Azévédo était demeurée sans réponse. Sans doute estimait-il que cette provinciale ne valait pas l'ennui d'une correspondance. D'abord, une femme enceinte, cela ne fait jamais un beau souvenir. Peut-être, à distance, jugeait-il Thérèse fade, cet imbécile que de fausses complications, des attitudes eussent retenu! Mais que pouvait-il comprendre à cette simplicité trompeuse, à ce regard direct, à ces gestes jamais hésitants? Au vrai, il la croyait capable, comme la petite Anne, de le prendre au mot, de quitter tout et de le suivre. Jean Azévédo se méfiait des femmes qui rendent les armes trop tôt pour que l'assaillant ait le loisir de lever le siège. Il ne redoutait rien autant que la victoire, que le fruit de la victoire. Thérèse, pourtant, s'efforçait de vivre dans l'univers de ce garçon; mais des livres que Jean admirait, et qu'elle avait fait venir de Bordeaux, lui parurent incompréhensibles. Quel désœuvrement! Il ne fallait pas lui demander de travailler à la layette: "ce n'était pas sa partie", répétait madame de la Trave. Beaucoup de femmes meurent en couches, à la campagne. Thérèse faisait pleurer tante Clara en affirmant qu'elle finirait comme sa mère, qu'elle était sûre de n'en pas réchapper. Elle ne manquait pas d'ajouter que "ça lui était égal de mourir". Mensonge! Jamais elle n'avait désiré si ardemment de vivre; jamais non plus Bernard ne lui avait montré tant de sollicitude: "Il se souciait non de moi, mais de ce que je portais dans mes flancs. En vain, de son affreux accent, rabâchait-il: "Reprends de la purée... Ne mange pas de poisson... Tu as assez marché aujourd'hui..." Je n'en étais pas plus touchée que ne l'est une nourrice étrangère que l'on étrille pour la qualité de son lait. Les la Trave vénéraient en moi un vase sacré; le réceptacle de leur progéniture; aucun doute que, le cas échéant, ils m'eussent sacrifiée à cet embryon. Je perdais le sentiment de mon existence individuelle. Je n'étais que le sarment; aux yeux de la famille, le fruit attaché à mes entrailles comptait seul.

Jusqu'à la fin de décembre, il fallut vivre dans ces ténèbres. Comme si ce n'eût pas été assez des pins innombrables, la pluie ininterrompue multipliait autour de la sombre maison ses millions de barreaux mouvants. Lorsque l'unique route de Saint-Clair menaça de devenir impraticable, je fus ramenée au bourg, dans la maison à peine moins ténébreuse que celle d'Argelouse. Les vieux platanes de la Place disputaient encore leurs feuilles au vent pluvieux. Incapable de vivre ailleurs qu'à Argelouse, tante Clara ne voulut pas s'établir à mon chevet; mais elle faisait souvent la route, par tous les temps, dans son cabriolet "à la voie"; elle m'apportait ces chatteries que j'avais tant aimées, petite fille, et qu'elle croyait que j'aimais encore, ces boules grises de seigle et de miel, appelées miques; le gâteau dénommé fougasse ou roumadjade. Je ne voyais Anne qu'aux repas, et elle ne m'adressait plus la parole; résignée, semblait-il, réduite, elle avait perdu d'un coup sa fraîcheur. Ses cheveux trop tirés découvraient de vilaines oreilles pâles. On ne prononçait pas le nom du fils Deguilhem, mais madame de la Trave affirmait que si Anne ne disait pas oui encore, elle ne disait plus non. Ah! Jean l'avait bien jugée: il n'avait pas fallu longtemps pour lui passer la bride et pour la mettre au pas. Bernard allait moins bien parce qu'il avait recommencé de boire des apéritifs. Quelles paroles échangeaient ces êtres autour de moi? Ils s'entretenaient beaucoup du curé, je me souviens (nous habitions en face du presbytère). On se demandait, par exemple, "pourquoi il avait traversé quatre fois la place dans la journée, et chaque fois il avait dû rentrer par un autre chemin..."

Sur quelques propos de Jean Azévédo, Thérèse prêtait plus d'attention à ce prêtre jeune encore, sans communication avec ses paroissiens qui le trouvaient fier: "Ce n'est pas le genre qu'il faut ici." Durant ses rares visites chez les la Trave, Thérèse observait ses tempes blanches, ce haut front. Aucun ami. Comment passait-il ses soirées? Pourquoi avait-il choisi cette vie? "Il est très exact, disait Madame de la Trave; il fait son adoration tous les soirs; mais il manque d'onction, je ne le trouve pas ce qui s'appelle pieux. Et pour les œuvres, il laisse tout tomber." Elle déplorait qu'il eût supprimé la fanfare du patronage; les parents se plaignaient de ce qu'il n'accompagnait plus les enfants sur le terrain de football: "C'est très joli d'avoir toujours le nez dans ses livres, mais une paroisse est vite perdue." Thérèse, pour l'entendre, fréquenta l'église. "Vous vous y décidez, ma petite, juste au moment où votre état vous en aurait dispensée." Les prônes du curé, touchant le dogme ou la morale, étaient impersonnels. Mais Thérèse s'intéressait à une inflexion de voix, à un geste; un mot parfois semblait plus lourd... Ah! lui, peut-être, aurait-il pu l'aider à débrouiller en elle ce monde confus; différent des autres, lui aussi avait pris un parti tragique; à sa solitude intérieure, il avait ajouté ce désert que crée la soutane autour de l'homme qui la revêt. Quel réconfort puisait-il dans ces rites quotidiens? Thérèse aurait voulu assister à sa messe dans la semaine, alors que, sans autre témoin que l'enfant de chœur, il murmurait des paroles, courbé sur un morceau de pain. Mais cette démarche eût paru étrange à sa famille et aux gens du bourg, on aurait crié à la conversion.

Autant que Thérèse ait souffert à cette époque, ce fut au lendemain de ses couches qu'elle commença vraiment de ne pouvoir plus supporter la vie. Rien n'en paraissait à l'extérieur; aucune scène entre elle et Bernard; et elle montrait plus de déférence envers ses beaux-parents que ne faisait son mari lui-même. C'était là le tragique; qu'il n'y eût pas une raison de rupture; l'événement était impossible à prévoir qui aurait empêché les choses d'aller leur train jusqu'à la mort. La mésentente suppose un terrain de rencontre où se heurter; mais Thérèse ne rencontrait jamais Bernard, et moins encore ses beaux-parents; leurs paroles ne l'atteignaient guère; l'idée ne lui venait pas qu'il fût nécessaire d'y répondre. Avaient-ils seulement un vocabulaire commun? Ils donnaient aux mots essentiels un sens différent. Si un cri sincère échappait à Thérèse, la famille avait admis, une fois pour toutes, que la jeune femme adorait les boutades. "Je fais semblant de ne pas entendre, disait madame de la Trave, et si elle insiste, de n'y pas attacher d'importance; elle sait qu'avec nous ça ne prend pas..."

Pourtant madame de la Trave supportait mal, chez Thérèse, cette affectation de ne pouvoir souffrir que les gens fissent des cris sur sa ressemblance avec la petite Marie. Les exclamations coutumières: ("Celle-là, vous ne pouvez pas la renier...") jetaient la jeune femme dans des sentiments extrêmes qu'elle ne savait pas toujours dissimuler. "Cette enfant n'a rien de moi, insistait-elle. Voyez cette peau brune, ces yeux de jais. Regardez mes photos: j'étais une petite fille blafarde."

Elle ne voulait pas que Marie lui ressemblât. Avec cette chair détachée de la sienne, elle désirait ne plus rien posséder en commun. Le bruit commençait de courir que le sentiment maternel ne l'étouffait pas. Mais Mme de la Trave assurait qu'elle aimait sa fille à sa manière: "Bien sûr, il ne faut pas lui demander de surveiller son bain ou de changer ses couches: ce n'est pas dans ses cordes; mais je l'ai vue demeurer des soirées entières, assise auprès du berceau, se retenant de fumer pour regarder la petite dormir... D'ailleurs nous avons une bonne très sérieuse; et puis Anne est là; ah! celle-là, je vous jure que ce sera une fameuse petite maman..." Depuis qu'un enfant respirait dans la maison, c'était vrai qu'Anne avait recommencé de vivre. Toujours un berceau attire les femmes; mais Anne, plus qu'aucune autre, maniait l'enfant avec une profonde joie. Pour pénétrer plus librement chez la petite, elle avait fait la paix avec Thérèse, sans que rien ne subsistât de leur tendresse ancienne, hors des gestes, des appellations familières. La jeune fille redoutait surtout la jalousie maternelle de Thérèse: "La petite me connaît bien mieux que sa mère. Dès qu'elle me voit, elle rit. L'autre jour, je l'avais dans mes bras; elle s'est mise à hurler lorsque Thérèse a voulu la prendre. Elle me préfère, au point que j'en suis parfois gênée..."

Anne avait tort d'être gênée. Thérèse, à ce moment de sa vie, se sentait détachée de sa fille comme de tout le reste. Elle apercevait les êtres et les choses et son propre corps et son esprit même, ainsi qu'un mirage, une vapeur suspendue en dehors d'elle. Seul, dans ce néant, Bernard prenait une réalité affreuse: sa corpulence, sa voix du nez, et ce ton péremptoire, cette satisfaction. Sortir du monde... Mais comment? et où aller? Les premières chaleurs accablaient Thérèse. Rien ne l'avertissait de ce qu'elle était au moment de commettre. Que se passa-t-il cette année-là? Elle ne se souvient d'aucun incident, d'aucune dispute; elle se rappelle avoir exécré son mari plus que de coutume, le jour de la Fête-Dieu, alors qu'entre les volets mi-clos elle guettait la procession. Bernard était presque le seul homme derrière le dais. Le village, en quelques instants, était devenu désert, comme si c'eût été un lion, et non un agneau, qu'on avait lâché dans les rues... Les gens se terraient pour n'être pas obligés de se découvrir ou de se mettre à genoux. Une fois le péril passé, les portes se rouvraient une à une. Thérèse dévisagea le curé, qui avançait les yeux presque fermés, portant des deux mains cette chose étrange. Ses lèvres remuaient: à qui parlait-il avec cet air de douleur? Et tout de suite, derrière lui, Bernard "qui accomplissait son devoir".

Des semaines se succédèrent sans que tombât une goutte d'eau. Bernard vivait dans la terreur de l'incendie, et de nouveau souffrait de son cœur. Cinq cents hectares avaient brûlé du côté de Louchats: "Si le vent avait soufflé du Nord, mes pins de Balisac étaient perdus." Thérèse attendait elle ne savait quoi de ce ciel inaltérable. Il ne pleuvrait jamais plus... Un jour toute la forêt crépiterait à l'entour, et le bourg même ne serait pas épargné. Pourquoi les villages des Landes ne brûlent-ils jamais? Elle trouvait injuste que les flammes choisissent toujours les pins, jamais les hommes. En famille, on discutait indéfiniment sur les causes du sinistre: une cigarette jetée? la malveillance? Thérèse rêvait qu'une nuit elle se levait, sortait de la maison, gagnait la forêt la plus envahie de brandes, jetait sa cigarette, jusqu'à ce qu'une immense fumée ternît le ciel de l'aube... Mais elle chassait cette pensée, ayant l'amour des pins dans le sang; ce n'était pas aux arbres qu'allait sa haine...

La voici au moment de regarder en face l'acte qu'elle a commis.
Quelle explication fournir à Bernard? Rien à faire que de lui
rappeler point par point comment la chose arriva. C'était ce jour
du grand incendie de Mano. Des hommes entraient dans la salle
à manger où la famille déjeunait en hâte. Les uns assuraient que
le feu paraissait très éloigné de Saint-Clair; d'autres insistaient
pour que sonnât le tocsin. Le parfum de la résine brûlée imprégnait
ce jour torride et le soleil était comme sali. Thérèse revoit Bernard,
la tête tournée, écoutant le rapport de Balion, tandis que sa forte
main velue s'oublie au-dessus du verre et que les gouttes de
Fowler tombent dans l'eau. Il avale d'un coup le remède sans
qu'abrutie de chaleur, Thérèse ait songé à l'avertir qu'il a doublé
sa dose habituelle. Tout le monde a quitté la table, — sauf elle
qui ouvre des amandes fraîches, indifférente, étrangère à cette
agitation, désintéressée de ce drame, comme de tout drame autre
que le sien. Le tocsin ne sonne pas. Bernard rentre enfin: "Pour
une fois, tu as eu raison de ne pas t'agiter: c'est du côté de Mano
que ça brûle..." Il demande: "Est-ce que j'ai pris mes gouttes?"
et sans attendre la réponse, de nouveau il en fait tomber dans son
verre. Elle s'est tue par paresse, sans doute, par fatigue. Qu'espère-
t-elle à cette minute? "Impossible que j'aie prémédité de me taire."

Pourtant, cette nuit-là, lorsqu'au chevet de Bernard vomissant
et pleurant, le docteur Pédemay l'interrogea sur les incidents de la
journée, elle ne dit rien de ce qu'elle avait vu à table. Il eût été
pourtant facile, sans se compromettre, d'attirer l'attention du
docteur sur l'arsenic que prenait Bernard. Elle aurait pu trouver
une phrase comme celle-ci: "Je ne m'en suis pas rendu compte
au moment même... Nous étions tous affolés par cet incendie...
mais je jurerais, maintenant, qu'il a pris une double dose..." Elle
demeura muette; éprouva-t-elle seulement la tentation de parler?
L'acte qui, durant le déjeuner, était déjà en elle à son insu,
commença alors d'émerger du fond de son être, — informe
encore, mais à demi baigné de conscience.

Après le départ du docteur, elle avait regardé Bernard endormi
enfin; elle songeait: "Rien ne prouve que ce soit *cela*; ce peut être
une crise d'appendicite, bien qu'il n'y ait aucun autre symptôme...

ou un cas de grippe infectieuse." Mais Bernard, le surlendemain, était sur pied. "Il y avait des chances pour que ce fût *cela*." Thérèse ne l'aurait pas juré; elle aurait aimé à en être sûre. "Oui, je n'avais pas du tout le sentiment d'être la proie d'une tentation horrible; il s'agissait d'une curiosité un peu dangereuse à satisfaire. Le premier jour où, avant que Bernard entrât dans la salle, je fis tomber des gouttes de Fowler dans son verre, je me souviens d'avoir répété: "Une seule fois, pour en avoir le cœur net... je saurai si c'est cela qui l'a rendu malade. Une seule fois, et ce sera fini."

Le train ralentit, siffle longuement, repart. Deux ou trois feux dans l'ombre: la gare de Saint-Clair. Mais Thérèse n'a plus rien à examiner; elle s'est engouffrée dans le crime béant; elle a été aspirée par le crime; ce qui a suivi, Bernard le connaît aussi bien qu'elle-même: cette soudaine reprise de son mal, et Thérèse le veillant nuit et jour, quoiqu'elle parût à bout de forces et qu'elle fût incapable de rien avaler (au point qu'il la persuada d'essayer du traitement Fowler et qu'elle obtint du docteur Pédemay une ordonnance). Pauvre docteur! Il s'étonnait de ce liquide verdâtre que vomissait Bernard; il n'aurait jamais cru qu'un tel désaccord pût exister entre le pouls d'un malade et sa température; il avait maintes fois constaté dans la paratyphoïde un pouls calme en dépit d'une forte fièvre; — mais que pouvaient signifier ces pulsations précipitées et cette température au-dessous de la normale? Grippe infectieuse, sans doute: la grippe, cela dit tout.

Madame de la Trave songeait à faire venir un grand médecin consultant, mais ne voulait pas froisser le docteur, ce vieil ami; et puis Thérèse craignait de frapper Bernard. Pourtant, vers la mi-août, après une crise plus alarmante, Pédemay, de lui-même, souhaita l'avis d'un de ses confrères; heureusement, dès le lendemain, l'état de Bernard s'améliorait; trois semaines plus tard, on parlait de convalescence. "Je l'ai échappé belle, disait Pédemay. Si le grand homme avait eu le temps de venir, il aurait obtenu toute la gloire de cette cure."

Bernard se fit transporter à Argelouse, comptant bien être

guéri pour la chasse à la palombe. Thérèse se fatigua beaucoup à cette époque: une crise aiguë de rhumatismes retenait au lit tante Clara; tout retombait sur la jeune femme: deux malades, un enfant; sans compter les besognes que tante Clara avait laissées en suspens. Thérèse mit beaucoup de bonne volonté à la relayer auprès des pauvres gens d'Argelouse. Elle fit le tour des métairies, s'occupa, comme sa tante, de faire exécuter les ordonnances, paya de sa bourse les remèdes. Elle ne songea pas à s'attrister de ce que la métairie de Vilméja demeurait close. Elle ne pensait plus à Jean Azévédo, ni à personne au monde. Elle traversait, seule, un tunnel, vertigineusement; elle en était au plus obscur; il fallait, sans réfléchir, comme une brute, sortir de ces ténèbres, de cette fumée, atteindre l'air libre, vite! vite!

Au début de décembre, une reprise de son mal terrassa Bernard: un matin, il s'était réveillé grelottant, les jambes inertes et insensibles. Et ce qui suivit! Le médecin consultant amené un soir de Bordeaux par M. de la Trave; son long silence, après qu'il eut examiné le malade (Thérèse tenait la lampe et Balionte se souvient encore qu'elle était plus blanche que les draps); sur le palier mal éclairé, Pédemay, baissant la voix à cause de Thérèse aux écoutes, explique à son confrère que Darquey, le pharmacien, lui avait montré deux de ses ordonnances falsifiées: à la première une main criminelle avait ajouté: *Liqueur de Fowler;* sur l'autre figuraient d'assez fortes doses de chloroforme, de digitaline, d'aconitine. Balion les avait apportées à la pharmacie, en même temps que beaucoup d'autres. Darquey, tourmenté d'avoir livré ces toxiques, avait couru, le lendemain, chez Pédemay... Oui, Bernard connaît toutes ces choses aussi bien que Thérèse elle-même. Une voiture sanitaire l'avait transporté, d'urgence, à Bordeaux, dans une clinique; et dès ce jour-là il commença d'aller mieux. Thérèse était demeurée seule à Argelouse; mais quelle que fût sa solitude, elle percevait autour d'elle une immense rumeur; bête tapie qui entend se rapprocher la meute; accablée comme après une course forcenée, — comme si, tout près du but, la main tendue déjà, elle avait été soudain précipitée à terre, les jambes rompues. Son père était venu un soir, à la fin de l'hiver, l'avait conjurée de se disculper.

Tout pouvait être sauvé encore. Pédemay avait consenti à retirer sa plainte, prétendait n'être plus sûr qu'une de ses ordonnances ne fût pas tout entière de sa main. Pour l'aconitine, le chloroforme et la digitaline, il ne pouvait en avoir prescrit d'aussi fortes doses; mais puisqu'aucune trace n'en avait été relevée dans le sang du malade...

Thérèse se souvient de cette scène avec son père, au chevet de tante Clara. Un feu de bois éclairait la chambre; aucun d'eux ne désirait la lampe. Elle expliquait de sa voix monotone d'enfant qui récite une leçon (cette leçon qu'elle repassait durant ses nuits sans sommeil): "J'ai rencontré sur la route un homme qui n'était pas d'Argelouse, et qui m'a dit que puisque j'envoyais quelqu'un chez Darquey, il espérait que je voudrais bien me charger de son ordonnance; il devait de l'argent à Darquey et aimait mieux de ne pas se montrer à la pharmacie... Il promettait de venir chercher les remèdes à la maison, mais ne m'a laissé ni son nom, ni son adresse..."

— Trouve autre chose, Thérèse, je t'en supplie au nom de la famille. Trouve autre chose, malheureuse!"

Le père Larroque répétait ses objurgations, avec entêtement; la sourde, à demi soulevée sur ses oreillers, sentant peser sur Thérèse une menace mortelle, gémissait: "Que te dit-il? Qu'est-ce qu'on te veut? Pourquoi te fait-on du mal?"

Elle avait trouvé la force de sourire à sa tante, de lui tenir la main, tandis que comme une petite fille au catéchisme elle récitait: "C'était un homme sur la route; il faisait trop noir pour que j'aie vu sa figure; il ne m'a pas dit quelle métairie il habitait." Un autre soir, il était venu chercher les remèdes. Par malheur, personne, dans la maison, ne l'avait aperçu.

IX

Saint-Clair, enfin. A la descente du wagon, Thérèse ne fut pas reconnue. Pendant que Balion remettait son billet, elle avait contourné la gare et, à travers les planches empilées, rejoint la route où stationnait la carriole.

Cette carriole, maintenant, lui est un refuge; sur le chemin défoncé, elle ne redoute plus de rencontrer personne. Toute son histoire, péniblement reconstruite, s'effondre: rien ne reste de cette confession préparée. Non: rien à dire pour sa défense; pas même une raison à fournir; le plus simple sera de se taire, ou de répondre seulement aux questions. Que peut-elle redouter? Cette nuit passera, comme toutes les nuits; le soleil se lèvera demain: elle est assurée d'en sortir, quoi qu'il arrive. Et rien ne peut arriver de pire que cette indifférence, que ce détachement total qui la sépare du monde et de son être même. Oui, la mort dans la vie: elle goûte la mort autant que la peut goûter une vivante.

Ses yeux accoutumés à l'ombre reconnaissaient, au tournant de la route, cette métairie où quelques maisons basses ressemblent à des bêtes couchées et endormies. Ici Anne, autrefois, avait peur d'un chien qui se jetait toujours dans les roues de sa bicyclette. Plus loin, des aulnes décelaient un bas-fond; dans les jours les plus torrides, une fraîcheur fugitive, à cet endroit, se posait sur les joues en feu des jeunes filles. Un enfant à bicyclette, dont les dents luisent sous un chapeau de soleil, le son d'un grelot, une voix qui crie: "Regardez! je lâche les deux mains!", cette image confuse retient Thérèse, tout ce qu'elle trouve, dans ces jours finis, pour y reposer un cœur à bout de forces. Elle répète machinalement des mots rythmés sur le trot du cheval: "Inutilité de ma vie — néant de ma vie — solitude sans bornes — destinée sans issue." Ah! le seul geste possible, Bernard ne le fera pas. S'il ouvrait les bras pourtant, sans rien demander! Si elle pouvait appuyer sa tête sur une poitrine humaine, si elle pouvait pleurer contre un corps vivant!

Elle aperçoit le talus du champ où Jean Azévédo, un jour de chaleur, s'est assis. Dire qu'elle a cru qu'il existait un endroit du monde où elle aurait pu s'épanouir au milieu d'êtres qui l'eussent comprise, peut-être admirée, aimée! Mais sa solitude lui est attachée plus étroitement qu'au lépreux son ulcère: "Nul ne peut rien pour moi; nul ne peut rien contre moi."

"Voici monsieur et mademoiselle Clara."

Balion tire sur les rênes. Deux ombres s'avancent. Bernard, si faible encore, était donc venu au-devant d'elle — impatient d'être rassuré. Elle se lève à demi, annonce de loin: "Non-lieu!" Sans aucune autre réponse que: "C'était couru!" Bernard aida la tante à grimper dans la carriole, et prit les rênes. Balion rentrerait à pied. Tante Clara s'assit entre les époux. Il fallut lui crier dans l'oreille que tout était arrangé (elle n'avait d'ailleurs du drame qu'une connaissance confuse). A son habitude, la sourde commença de parler à perdre haleine; elle disait qu'*ils* avaient toujours eu la même tactique et que c'était l'affaire Dreyfus qui recommençait: "Calomniez, calomniez, il en restera toujours quelque chose. *Ils* étaient rudement forts et les républicains avaient tort de ne plus se tenir sur leurs gardes. Dès qu'on leur !aisse le moindre répit, à ces bêtes puantes, elles vous sautent dessus..." Ces jacassements dispensaient les époux d'échanger aucune parole.

Tante Clara, soufflant, gravit l'escalier un bougeoir à la main: "Vous ne vous couchez pas? Thérèse doit être fourbue. Tu trouveras dans la chambre une tasse de bouillon, du poulet froid."

Mais le couple demeurait debout dans le vestibule. La vieille vit Bernard ouvrir la porte du salon, s'effacer devant Thérèse, disparaître à sa suite. Si elle n'avait pas été sourde, elle aurait collé son oreille... mais on n'avait pas à se méfier d'elle, emmurée vivante. Elle éteignit sa bougie, pourtant, redescendit à tâtons, mit un œil à la serrure: Bernard déplaçait une lampe; son visage vivement éclairé paraissait à la fois intimidé et solennel. La tante aperçut de dos Thérèse assise, elle avait jeté son manteau et sa toque sur un fauteuil; le feu faisait fumer ses souliers mouillés.

Un instant, elle tourna la tête vers son mari et la vieille femme se réjouit de voir que Thérèse souriait.

Thérèse souriait. Dans le bref intervalle d'espace et de temps, entre l'écurie et la maison, marchant aux côtés de Bernard, soudain elle avait vu, elle avait cru voir ce qu'il importait qu'elle fît. La seule approche de cet homme avait réduit à néant son espoir de s'expliquer, de se confier. Les êtres que nous connaissons le mieux, comme nous les déformons dès qu'ils ne sont plus là! Durant tout ce voyage, elle s'était efforcée, à son insu, de recréer un Bernard capable de la comprendre, d'essayer de la comprendre; — mais, du premier coup d'œil, il lui apparaissait tel qu'il était réellement, celui qui ne s'est jamais mis, fût-ce une fois dans sa vie, à la place d'autrui; qui ignore cet effort pour sortir de soi-même, pour voir ce que l'adversaire voit. Au vrai, Bernard l'écouterait-il seulement? Il arpentait la grande pièce humide et basse, et le plancher pourri par endroits craquait sous ses pas. Il ne regardait pas sa femme, — tout plein des paroles qu'il avait dès longtemps préméditées. Et Thérèse, elle aussi, savait ce qu'elle allait dire. La solution la plus simple, c'est toujours à celle-là que nous ne pensons jamais. Elle allait dire: "Je disparais, Bernard. Ne vous inquiétez pas de moi. Tout de suite, si vous voulez, je m'enfonce dans la nuit. La forêt ne me fait pas peur, ni les ténèbres. Elles me connaissent; nous nous connaissons. J'ai été créée à l'image de ce pays aride et où rien n'est vivant, hors les oiseaux qui passent, les sangliers nomades. Je consens à être rejetée; brûlez toutes mes photographies; que ma fille même ne sache plus mon nom, que je sois aux yeux de la famille comme si je n'avais jamais été."

Et déjà Thérèse ouvre la bouche; elle dit:

"Laissez-moi disparaître, Bernard."

Au son de cette voix, Bernard s'est retourné. Du fond de la pièce, il se précipite, les veines de la face gonflées; balbutie:

"Quoi? Vous osez avoir un avis? émettre un vœu? Assez. Pas un mot de plus. Vous n'avez qu'à écouter, qu'à recevoir mes ordres, — à vous conformer à mes décisions irrévocables."

Il ne bégaie plus, rejoint maintenant les phrases préparées avec soin. Appuyé à la cheminée, il s'exprime d'un ton grave, tire un papier de sa poche, le consulte. Thérèse n'a plus peur; elle a envie de rire; il est grotesque; c'est un grotesque. Peu importe ce qu'il dit avec cet accent ignoble et qui fait rire partout ailleurs qu'à Saint-Clair, elle partira. Pourquoi tout ce drame? Cela n'aurait eu aucune importance que cet imbécile disparût du nombre des vivants. Elle remarque, sur le papier qui tremble, ses ongles mal tenus; il n'a pas de manchettes, il est de ces campagnards ridicules hors de leur trou, et dont la vie n'importe à aucune cause, à aucune idée, à aucun être. C'est par habitude que l'on donne une importance infinie à l'existence d'un homme. Robespierre avait raison; et Napoléon, et Lénine... Il la voit sourire; s'exaspère, hausse le ton, elle est obligée d'écouter:

"Moi, je vous tiens; comprenez-vous? Vous obéirez aux décisions arrêtées en famille, sinon...

— Sinon... quoi?"

Elle ne songeait plus à feindre l'indifférence; elle prenait un ton de bravade et de moquerie; elle criait:

"Trop tard! Vous avez témoigné en ma faveur; vous ne pouvez plus vous déjuger. Vous seriez convaincu de faux témoignage...

— On peut toujours découvrir un fait nouveau. Je la détiens dans mon secrétaire, cette preuve inédite. Il n'y a pas prescription, Dieu merci!"

Elle tressaillit, demanda:

"Que voulez-vous de moi?"

Il consulte ses notes et, durant quelques secondes, Thérèse demeure attentive au silence prodigieux d'Argelouse. L'heure des coqs est encore éloignée; aucune eau vive ne court dans ce désert, aucun vent n'émeut les cimes innombrables.

"Je ne cède pas à des considérations personnelles. Moi, je m'efface: la famille compte seule. L'intérêt de la famille a toujours dicté toutes mes décisions. J'ai consenti, pour l'honneur de la famille, à tromper la justice de mon pays. Dieu me jugera."

Ce ton pompeux faisait mal à Thérèse. Elle aurait voulu le supplier de s'exprimer plus simplement.

"Il importe, pour la famille, que le monde nous croie unis et qu'à ses yeux je n'aie pas l'air de mettre en doute votre innocence. D'autre part, je veux me garder le mieux possible...

— Je vous fais peur, Bernard?"

Il murmura: "Peur? Non: horreur." Puis:

"Faisons vite et que tout soit dit une fois pour toutes: demain, nous quitterons cette maison pour nous établir à côté, dans la maison Desqueyroux; je ne veux pas de votre tante chez moi. Vos repas vous seront servis par Balionte dans votre chambre. L'accès de toutes les autres pièces vous demeure interdit; mais je ne vous empêcherai pas de courir les bois. Le dimanche, nous assisterons ensemble à la grand-messe, dans l'église de Saint-Clair. Il faut qu'on vous voie à mon bras; et le premier jeudi du mois nous irons, en voiture ouverte, à la foire de B., chez votre père, comme nous avons toujours fait.

— Et Marie?

— Marie part demain avec sa bonne pour Saint-Clair, puis ma mère l'amènera dans le Midi. Nous trouverons une raison de santé. Vous n'espériez tout de même pas qu'on allait vous la laisser? Il faut la mettre à l'abri, elle aussi! Moi disparu, c'est elle qui, à vingt et un ans, aurait eu la propriété. Après le mari, l'enfant... pourquoi pas?"

Thérèse s'est levée; elle retient un cri:

"Alors vous croyez que c'est à cause des pins que j'ai..."

Entre les mille sources secrètes de son acte, cet imbécile n'a donc su en découvrir aucune; et il invente la cause la plus basse:

"Naturellement: à cause des pins... Pourquoi serait-ce? Il suffit de procéder par élimination. Je vous défie de m'indiquer un autre mobile... Au reste, c'est sans importance et cela ne m'intéresse plus; je ne me pose plus de questions; vous n'êtes plus rien; ce qui existe, c'est le nom que vous portez, hélas! Dans quelques mois, lorsque le monde sera convaincu de notre entente, qu'Anne aura épousé le fils Deguilhem... Vous savez que les Deguilhem exigent un délai, qu'ils demandent à réfléchir... à ce moment-là, je pourrai enfin m'établir à Saint-Clair; vous, vous resterez ici. Vous serez neurasthénique, ou autre chose...

— La folie, par exemple?

— Non, ça porterait tort à Marie. Mais les raisons plausibles ne manqueront pas. Voilà."

Thérèse murmure: "A Argelouse... jusqu'à la mort..." Elle s'approcha de la fenêtre, l'ouvrit. Bernard, à cet instant, connut une vraie joie; cette femme qui toujours l'avait intimidé et humilié, comme il la domine, ce soir! comme elle doit se sentir méprisée! Il éprouvait l'orgueil de sa modération. Madame de la Trave lui répétait qu'il était un saint; toute la famille le louait de sa grandeur d'âme: il avait, pour la première fois, le sentiment de cette grandeur. Lorsque avec mille précautions, à la maison de santé, l'attentat de Thérèse lui avait été découvert, son sang-froid, qui lui attira tant de louanges, ne lui avait guère coûté d'efforts. Rien n'est vraiment grave pour les êtres incapables d'aimer; parce qu'il était sans amour, Bernard n'avait éprouvé que cette sorte de joie tremblante, après un grand péril écarté: ce que peut ressentir un homme à qui l'on révèle qu'il a vécu, durant des années, et à son insu, dans l'intimité d'un fou furieux. Mais, ce soir, Bernard avait le sentiment de sa force; il dominait la vie. Il admirait qu'aucune difficulté ne résiste à un esprit droit et qui raisonne juste; même au lendemain d'une telle tourmente, il était prêt à soutenir que l'on n'est jamais malheureux, sinon par sa faute. Le pire des drames, voilà qu'il l'avait *réglé* comme n'importe quelle autre affaire. Ça ne se saurait presque pas; il sauverait la face; on ne le plaindrait plus; il ne voulait pas être plaint. Qu'y a-t-il d'humiliant à avoir épousé un monstre, lorsque l'on a le dernier mot? La vie de garçon a du bon, d'ailleurs, et l'approche de la mort avait accru merveilleusement le goût qu'il avait des propriétés, de la chasse, de l'automobile, de ce qui se mange et de ce qui se boit: la vie, enfin!

Thérèse demeurait debout devant la fenêtre; elle voyait un peu de gravier blanc, sentait les chrysanthèmes qu'un grillage défend contre les troupeaux. Au-delà, une masse noire de chênes cachait les pins; mais leur odeur résineuse emplissait la nuit; pareils à l'armée ennemie, invisible mais toute proche, Thérèse savait qu'ils cernaient la maison. Ces gardiens, dont elle écoute la plainte sourde, la verraient languir au long des hivers, haleter durant les jours torrides; ils seraient les témoins de cet étouffement lent.

Elle referme la fenêtre et s'approche de Bernard:

"Croyez-vous donc que vous me retiendrez de force?

— A votre aise... mais sachez-le bien: vous ne sortirez d'ici que les poings liés.

— Quelle exagération! Je vous connais: ne vous faites pas plus méchant que nature. Vous n'exposerez pas la famille à cette honte! Je suis bien tranquille."

Alors, en homme qui a tout bien pesé, il lui expliqua que partir, c'était se reconnaître coupable. L'opprobre, dans ce cas, ne pouvait être évitée par la famille, qu'en s'amputant du membre gangrené, en le rejetant, en le reniant à la face des hommes.

"C'était même le parti auquel d'abord ma mère aurait voulu que nous nous arrêtions, figurez-vous! Nous avons été au moment de laisser la justice suivre son cours; et si ce n'avait été d'Anne et de Marie... Mais il est temps encore. Ne vous pressez pas de répondre. Je vous laisse jusqu'au jour."

Thérèse dit à mi-voix:

"Mon père me reste.

— Votre père? mais nous sommes entièrement d'accord. Il a sa carrière, son parti, les idées qu'il représente: il ne pense qu'à étouffer le scandale, coûte que coûte. Reconnaissez au moins ce qu'il a fait pour vous. Si l'instruction a été bâclée, c'est bien grâce à lui... D'ailleurs, il a dû vous exprimer sa volonté formelle... Non?"

Bernard n'élevait plus le ton, redevenait presque courtois. Ce n'était pas qu'il éprouvât la moindre compassion. Mais cette femme, qu'il n'entendait même plus respirer, gisait enfin; elle avait trouvé sa vraie place. Tout rentrait dans l'ordre. Le bonheur d'un autre homme n'eût pas résisté à un tel coup: Bernard était fier d'avoir réussi ce redressement; tout le monde peut se tromper; tout le monde d'ailleurs, à propos de Thérèse, s'était trompé, — jusqu'à madame de la Trave qui, d'habitude, avait si vite fait de juger son monde. C'est que les gens, maintenant, ne tiennent plus assez compte des principes; ils ne croient plus au péril d'une éducation comme celle qu'a reçue Thérèse; un monstre, sans doute; tout de même on a beau dire: si elle avait cru en Dieu... la peur est le commencement de la sagesse. Ainsi songeait Bernard. Et il se disait encore que tout le bourg, impatient de savourer leur honte, serait bien déçu, chaque dimanche, à la vue d'un ménage aussi uni! Il lui tardait presque d'être à dimanche, pour voir la tête des gens!... D'ailleurs, la justice n'y perdrait rien. Il prit la lampe, son bras levé éclairait la nuque de Thérèse:

"Vous ne montez pas encore?"

Elle ne parut pas l'entendre. Il sortit, la laissant dans le noir. Au bas de l'escalier, tante Clara était accroupie sur la première marche. Comme la vieille le dévisageait, il sourit avec effort, lui prit le bras pour qu'elle se levât. Mais elle résistait, — vieux chien contre le lit de son maître qui agonise. Bernard posa la lampe sur le carreau, et cria dans l'oreille de la vieille que Thérèse déjà se sentait beaucoup mieux, mais qu'elle voulait demeurer seule quelques instants, avant d'aller dormir:

"Vous savez que c'est une de ses lubies!"

Oui, la tante le savait: ce fut toujours sa malchance d'entrer chez Thérèse au moment où la jeune femme souhaitait d'être seule. Souvent il avait suffi à la vieille d'entrouvrir la porte, pour se sentir importune.

Elle se mit debout avec effort, et, appuyée au bras de Bernard, gagna la pièce qu'elle occupait au-dessus du grand salon. Bernard y pénétra derrière elle, prit soin d'allumer une bougie sur la table, puis, l'ayant baisée au front, s'éloigna. La tante ne l'avait pas quitté des yeux. Que ne déchiffrait-elle sur les figures des hommes qu'elle n'entendait pas? Elle laisse à Bernard le temps de regagner sa chambre, rouvre doucement la porte... mais il est encore sur le palier, appuyé à la rampe: il roule une cigarette; elle rentre en hâte, les jambes tremblantes, à bout de souffle, au point de n'avoir pas la force de se déshabiller. Elle demeure couchée sur son lit, les yeux ouverts.

X

Au salon, Thérèse était assise dans le noir. Des tisons vivaient encore sous la cendre. Elle ne bougeait pas. Du fond de sa mémoire, surgissaient, maintenant qu'il était trop tard, des lambeaux de cette confession préparée durant le voyage; mais pourquoi se reprocher de ne s'en être pas servie? Au vrai, cette histoire trop bien construite demeurait sans lien avec la réalité. Cette importance qu'il lui avait plu d'attribuer aux discours du jeune Azévédo, quelle bêtise! Comme si cela avait pu compter le moins du monde! Non, non: elle avait obéi à une profonde loi, à une loi inexorable; elle n'avait pas détruit cette famille, c'était elle qui serait donc détruite; ils avaient raison de la considérer comme un monstre, mais elle aussi les jugeait monstrueux. Sans que rien ne parût au-dehors, ils allaient, avec une lente méthode, l'anéantir. "Contre moi, désormais, cette puissante mécanique familiale sera montée, — faute de n'avoir su ni l'enrayer, ni sortir à temps des rouages. Inutile de chercher d'autres raisons que celle-ci: 'parce que c'était eux, parce que c'était moi...' Me masquer, sauver la face, donner le change, cet effort que je pus accomplir moins de deux années, j'imagine que d'autres êtres (qui sont mes semblables) y persévèrent souvent jusqu'à la mort, sauvés par l'accoutumance peut-être, chloroformés par l'habitude, abrutis, endormis contre le sein de la famille maternelle et toute-puissante. Mais moi, mais moi, mais moi..."

Elle se leva, ouvrit la fenêtre, sentit le froid de l'aube. Pourquoi ne pas fuir? Cette fenêtre seulement à enjamber. La poursuivraient-ils? La livreraient-ils de nouveau à la justice? C'était une chance à courir. Tout, plutôt que cette agonie interminable. Déjà Thérèse traîne un fauteuil, l'appuie à la croisée. Mais elle n'a pas d'argent; des milliers de pins lui appartiennent en vain: sans l'entremise de Bernard, elle ne peut toucher un sou. Autant vaudrait s'enfoncer à travers la lande, comme avait fait Daguerre, cet assassin traqué

pour qui Thérèse enfant avait éprouvé tant de pitié (elle se souvient
des gendarmes auxquels Balionte versait du vin dans la cuisine
d'Argelouse) — et c'était le chien des Desqueyroux qui avait
découvert la piste du misérable. On l'avait ramassé à demi mort
de faim dans la brande. Thérèse l'avait vu ligoté sur une charrette
de paille. On disait qu'il était mort sur le bateau avant d'arriver à
Cayenne. Un bateau... le bagne... Ne sont-ils pas capables de la
livrer comme ils l'ont dit? Cette preuve que Bernard prétendait
tenir... mensonge, sans doute; à moins qu'il n'ait découvert, dans
la poche de la vieille pèlerine, ce paquet de poisons...

Thérèse en aura le cœur net. Elle s'engage à tâtons dans l'escalier.
A mesure qu'elle monte, elle y voit plus clair à cause de l'aube qui,
là-haut, éclaire les vitres. Voici, sur le palier du grenier, l'armoire
où pendent les vieux vêtements, — ceux qu'on ne donne jamais,
parce qu'ils servent durant la chasse. Cette pèlerine délavée a une
poche profonde: tante Clara y rangeait son tricot, du temps qu'elle
aussi, dans un "jouquet" solitaire, guettait les palombes. Thérèse
y glisse la main, en retire le paquet cacheté de cire:

Chloroforme   : 30 grammes.
Aconitine granules : n° 20.
Digitaline sol.   : 20 grammes.

Elle relit ces mots, ces chiffres. Mourir. Elle a toujours eu la
terreur de mourir. L'essentiel est de ne pas regarder la mort en
face, — de prévoir seulement les gestes indispensables: verser
l'eau, diluer la poudre, boire d'un trait, s'étendre sur le lit, fermer
les yeux. Ne chercher à rien voir au-delà. Pourquoi redouter ce
sommeil plus que tout autre sommeil? Si elle frissonne, c'est que
le petit matin est froid. Elle descend, s'arrête devant la chambre
où dort Marie. La bonne y ronfle comme une bête grogne.
Thérèse pousse la porte. Les volets filtrent le jour naissant.
L'étroit lit de fer est blanc dans l'ombre. Deux poings minuscules
sont posés sur le drap. L'oreiller noie un profil encore informe.
Thérèse reconnaît cette oreille trop grande: son oreille. Les gens
ont raison; une réplique d'elle-même est là, engourdie, endormie.

"Je m'en vais, — mais cette part de moi-même demeure et tout ce destin à remplir jusqu'au bout, dont pas un iota ne sera omis." Tendances, inclinations, lois du sang, lois inéluctables. Thérèse a lu que des désespérés emportent avec eux leurs enfants dans la mort; les bonnes gens laissent choir le journal: "Comment des choses pareilles sont-elles possibles?" Parce qu'elle est un monstre, Thérèse sent profondément que cela est possible et que pour un rien... Elle s'agenouille, touche à peine de ses lèvres une petite main gisante; elle s'étonne de ce qui sourd du plus profond de son être, monte à ses yeux, brûle ses joues: quelques pauvres larmes, elle qui ne pleure jamais!

Thérèse se lève, regarde encore l'enfant, passe enfin dans sa chambre, emplit d'eau le verre, rompt le cachet de cire, hésite entre les trois boîtes de poison.

La fenêtre était ouverte; les coqs semblaient déchirer le brouillard dont les pins retenaient entre leurs branches des lambeaux diaphanes. Campagne trempée d'aurore. Comment renoncer à tant de lumière? Qu'est-ce que la mort? On ne sait pas ce qu'est la mort. Thérèse n'est pas assurée du néant. Thérèse n'est pas absolument sûre qu'il n'y ait personne. Thérèse se hait de ressentir une telle terreur. Elle, qui n'hésitait pas à y précipiter autrui, se cabre devant le néant. Que sa lâcheté l'humilie! S'il existe cet Être (et elle revoit, en un bref instant, la Fête-Dieu accablante, l'homme solitaire écrasé sous une chape d'or, et cette chose qu'il porte des deux mains, et ces lèvres qui remuent, et cet air de douleur); puisqu'Il existe, qu'Il détourne la main criminelle avant que ce soit trop tard; — et si c'est sa volonté qu'une pauvre âme aveugle franchisse le passage, puisse-t-Il, du moins, accueillir avec amour ce monstre, sa créature. Thérèse verse dans l'eau le chloroforme dont le nom, plus familier, lui fait moins peur parce qu'il suscite des images de sommeil. Qu'elle se hâte! La maison s'éveille: Balionte a rabattu les volets dans la chambre de tante Clara. Que crie-t-elle à la sourde? D'habitude, la servante sait se faire comprendre au mouvement des lèvres. Un bruit de portes et de pas précipités. Thérèse n'a que le temps de jeter un châle sur la table pour cacher les poisons. Balionte entre sans frapper:

"Mamiselle est morte! Je l'ai trouvée morte, sur son lit, tout habillée. Elle est déjà froide."

On a tout de même mis un chapelet entre les doigts de la vieille impie, un crucifix sur sa poitrine. Des métayers entrent, s'agenouillent, sortent, non sans avoir longuement dévisagé Thérèse debout au pied du lit: ("Et qui sait si ce n'est pas elle encore qui a fait le coup?") Bernard est allé à Saint-Clair pour avertir la famille et pour toutes les démarches. Il a dû se dire que cet accident venait à point, ferait diversion. Thérèse regarde ce corps, ce vieux corps fidèle qui s'est couché sous ses pas au moment où elle allait se jeter dans la mort. Hasard; coïncidence. Si on lui parlait d'une volonté particulière, elle hausserait les épaules. Les gens se disent les uns aux autres: "Vous avez vu? Elle ne fait même pas semblant de pleurer!" Thérèse parle dans son cœur à celle qui n'est plus là: vivre, mais comme un cadavre entre les mains de ceux qui la haïssent. N'essayer de rien voir au-delà.

Aux funérailles, Thérèse occupa son rang. Le dimanche qui suivit, elle pénétra dans l'église avec Bernard qui, au lieu de passer par le bas-côté, selon son habitude, traversa ostensiblement la nef. Thérèse ne releva son voile de crêpe que lorsqu'elle eut pris place entre sa belle-mère et son mari. Un pilier la rendait invisible à l'assistance; en face d'elle, il n'y avait rien que le chœur. Cernée de toutes parts: la foule derrière, Bernard à droite, madame de la Trave à gauche, et cela seulement lui est ouvert, comme l'arène au taureau qui sort de la nuit: cet espace vide, où, entre deux enfants, un homme déguisé est debout, chuchotant, les bras un peu écartés.

XI

Bernard et Thérèse rentrèrent le soir à Argelouse dans la maison Desqueyroux à peu près inhabitée depuis des années. Les cheminées fumaient, les fenêtres fermaient mal, et le vent passait sous les portes que les rats avaient rongées. Mais l'automne fut si beau, cette année-là, que d'abord Thérèse ne souffrit pas de ces incommodités. La chasse retenait Bernard jusqu'au soir. A peine rentré, il s'installait à la cuisine, dînait avec les Balion: Thérèse entendait le bruit des fourchettes, les voix monotones. La nuit tombe vite en octobre. Les quelques livres qu'elle avait fait venir de la maison voisine lui étaient trop connus. Bernard laissa sans réponse la demande qu'elle lui fit de transmettre une commande à son libraire de Bordeaux; il permit seulement à Thérèse de renouveler sa provision de cigarettes. Tisonner... mais la fumée résineuse et refoulée brûlait ses yeux, irritait sa gorge déjà malade à cause du tabac. A peine Balionte avait-elle emporté les restes d'un repas rapide, que Thérèse éteignait la lampe, se couchait. Combien d'heures demeurait-elle étendue, sans que la délivrât le sommeil! Le silence d'Argelouse l'empêchait de dormir: elle préférait les nuits de vent, — cette plainte indéfinie des cimes recèle une douceur humaine. Thérèse s'abandonnait à ce bercement. Les nuits troublées de l'équinoxe l'endormaient mieux que les nuits calmes.

Aussi interminables que lui parussent les soirées, il lui arrivait pourtant de rentrer avant le crépuscule, — soit qu'à sa vue une mère ait pris son enfant par la main, et l'ait ramené rudement à l'intérieur de la métairie, — soit qu'un bouvier, dont elle connaissait le nom, n'ait pas répondu à son bonjour. Ah! qu'il eût été bon de se perdre, de se noyer au plus profond d'une ville populeuse! A Argelouse, pas un berger qui ne connût sa légende (la mort même de tante Clara lui était imputée). Elle n'aurait osé franchir aucun seuil; elle sortait de chez elle par une porte dérobée, évitait les maisons; un cahot lointain de charrette suffisait pour qu'elle se jetât dans un chemin de traverse. Elle marchait vite, avec un cœur angoissé de gibier, se couchait dans la brande pour attendre que fût passée une bicyclette.

Le dimanche, à la messe de Saint-Clair, elle n'éprouvait pas cette terreur et goûtait quelque relâche. L'opinion du bourg lui paraissait plus favorable. Elle ne savait pas que son père, les la Trave la peignaient sous les traits d'une victime innocente et frappée à mort: "Nous craignons que la pauvre petite ne s'en relève pas; elle ne veut voir personne et le médecin dit qu'il ne faut pas la contrarier. Bernard l'entoure beaucoup, mais le moral est atteint..."

La dernière nuit d'octobre, un vent furieux, venu de l'Atlantique, tourmenta longuement les cimes, et Thérèse, dans un demi-sommeil, demeurait attentive à ce bruit d'Océan. Mais au petit jour, ce ne fut pas la même plainte qui l'éveilla. Elle poussa les volets, et la chambre demeura sombre; une pluie menue, serrée, ruisselait sur les tuiles des communs, sur les feuilles encore épaisses des chênes. Bernard ne sortit pas, ce jour-là. Thérèse fumait, jetait sa cigarette, allait sur le palier, et entendait son mari errer d'une pièce à l'autre au rez-de-chaussée; une odeur de pipe s'insinua jusque dans la chambre, domina celle du tabac blond de Thérèse, et elle reconnut l'odeur de son ancienne vie. Le premier jour de mauvais temps... Combien devrait-elle en vivre au coin de cette cheminée où le feu mourait? Dans les angles la moisissure détachait le papier. Aux murs, la trace demeurait encore des portraits anciens qu'avait pris Bernard pour en orner le salon de Saint-Clair, — et les clous rouillés qui ne soutenaient plus rien. Sur la cheminée, dans un triple cadre de fausse écaille, des photographies étaient pâles comme si les morts qu'elles repré-sentaient y fussent morts une seconde fois: le père de Bernard, sa grand-mère, Bernard lui-même coiffé "en enfant d'Édouard". Tout ce jour à vivre encore, dans cette chambre; et puis ces semaines, ces mois...

Comme la nuit venait, Thérèse n'y tint plus, ouvrit doucement la porte, descendit, pénétra dans la cuisine. Elle vit Bernard assis sur une chaise basse, devant le feu, et qui soudain se mit debout. Balion interrompit le nettoyage d'un fusil; Balionte laissa choir son tricot. Tous trois la regardaient avec une telle expression qu'elle leur demanda:

"Je vous fais peur?

— L'accès de la cuisine vous est interdit. Ne le savez-vous pas?"

Elle ne répondit rien, recula vers la porte. Bernard la rappela:

"Puisque je vous vois... je tiens à vous dire que ma présence ici n'est plus nécessaire. Nous avons su créer à Saint-Clair un courant de sympathie; on vous croit, ou l'on fait semblant de vous croire un peu neurasthénique. Il est entendu que vous aimez mieux vivre seule et que je viens souvent vous voir. Désormais, je vous dispense de la messe..."

Elle balbutia que "ça ne l'ennuyait pas du tout d'y aller". Il répondit que ce n'était pas son amusement qui importait. Le résultat cherché était acquis:

"Et puisque la messe, pour vous, ne signifie rien..."

Elle ouvrit la bouche, parut au moment de parler, demeura silencieuse. Il insista pour que d'aucune parole, d'aucun geste, elle ne compromît un succès si rapide, si inespéré. Elle demanda comment allait Marie. Il dit qu'elle allait bien, et qu'elle partait le lendemain avec Anne et madame de la Trave pour Beaulieu. Lui-même irait y passer quelques semaines: deux mois au plus. Il ouvrit la porte, s'effaça devant Thérèse.

Au petit jour sombre, elle entendit Balion atteler. Encore la voix de Bernard, des piaffements, les cahots de la carriole qui s'éloignait. Enfin la pluie sur les tuiles, sur les vitres brouillées, sur le champ désert, sur cent kilomètres de landes et de marais, sur les dernières dunes mouvantes, sur l'Océan.

Thérèse allumait sa cigarette à celle qu'elle achevait de fumer. Vers quatre heures, elle mit un "ciré", s'enfonça dans la pluie. Elle eut peur de la nuit, revint à sa chambre. Le feu était éteint, et comme elle grelottait, elle se coucha. Vers sept heures, Balionte lui ayant monté un œuf frit sur du jambon, elle refusa d'en manger; ce goût de graisse l'écœurait à la fin! Toujours du confit ou du jambon. Balionte disait qu'elle n'avait pas mieux à lui offrir: M. Bernard lui avait interdit la volaille. Elle se plaignait de ce que Thérèse la faisait monter et descendre inutilement (elle avait une maladie de cœur, les jambes enflées). Ce service était déjà trop lourd pour elle; ce qu'elle en faisait, c'était bien pour M. Bernard.

Thérèse eut la fièvre cette nuit-là; et son esprit étrangement lucide construisait toute une vie à Paris: elle revoyait ce restaurant du Bois où elle avait été, mais sans Bernard, avec Jean Azévédo et des jeunes femmes. Elle posait son étui d'écaille sur la table, allumait une Abdullah. Elle parlait, expliquait son cœur, et l'orchestre jouait en sourdine. Elle enchantait un cercle de visages attentifs, mais nullement étonnés. Une femme disait: "C'est comme moi... j'ai éprouvé cela, moi aussi." Un homme de lettres la prenait à part: "Vous devriez écrire tout ce qui se passe en vous. Nous publierons ce journal d'une femme d'aujourd'hui dans notre revue." Un jeune homme qui souffrait à cause d'elle la ramenait dans son auto. Ils remontaient l'avenue du Bois; elle n'était pas troublée mais jouissait de ce jeune corps bouleversé, assis à sa gauche. "Non, pas ce soir, lui disait-elle. Ce soir, je dîne avec une amie. — Et demain soir? — Non plus. — Vos soirées ne sont jamais libres? — Presque jamais... pour ainsi dire jamais..."

Un être était dans sa vie grâce auquel tout le reste du monde lui paraissait insignifiant; quelqu'un que personne de son cercle ne connaissait; une créature très humble, très obscure; mais toute l'existence de Thérèse tournait autour de ce soleil visible pour son seul regard, et dont sa chair seule connaissait la chaleur. Paris grondait comme le vent dans les pins. Ce corps contre son corps, aussi léger qu'il fût, l'empêchait de respirer; mais elle aimait mieux perdre le souffle que l'éloigner. (Et Thérèse fait le geste d'étreindre, et de sa main droite serre son épaule gauche — et les ongles de sa main gauche s'enfoncent dans son épaule droite.)

Elle se lève, pieds nus; ouvre la fenêtre; les ténèbres ne sont pas froides; mais comment imaginer qu'il puisse un jour ne plus pleuvoir? Il pleuvra jusqu'à la fin du monde. Si elle avait de l'argent, elle se sauverait à Paris, irait droit chez Jean Azévédo, se confierait à lui; il saurait lui procurer du travail. Être une femme seule dans Paris, qui gagne sa vie, qui ne dépend de personne... Être sans famille! Ne laisser qu'à son cœur le soin de choisir *les siens* — non selon le sang, mais selon l'esprit, et selon la chair aussi; découvrir ses vrais parents, aussi rares, aussi disséminés fussent-ils... Elle s'endormit enfin, la fenêtre ouverte. L'aube froide et mouillée l'éveilla: elle claquait des dents, sans courage pour se lever et fermer la fenêtre, — incapable même d'étendre le bras, de tirer la couverture.

Elle ne se leva pas, ce jour-là, ni ne fit sa toilette. Elle avala quelques bouchées de confit et but du café pour pouvoir fumer (à jeun, son estomac ne supportait plus le tabac). Elle essayait de retrouver ses imaginations nocturnes; au reste il n'y avait guère plus de bruit dans Argelouse, et l'après-midi n'était guère moins sombre que la nuit. En ces jours les plus courts de l'année, la pluie épaisse unifie le temps, confond les heures; un crépuscule rejoint l'autre dans le silence immuable. Mais Thérèse était sans désir de sommeil et ses songes en devenaient plus précis; avec méthode, elle cherchait, dans son passé, des visages oubliés, des bouches qu'elle avait chéries de loin, des corps indistincts que des rencontres fortuites, des hasards nocturnes avaient rapprochés de son corps innocent. Elle composait un bonheur, elle inventait une joie, elle créait de toutes pièces un impossible amour.

"Elle ne quitte plus son lit, elle laisse son confit et son pain — disait, à quelque temps de là, Balionte à Balion. — Mais je te jure qu'elle vide bien toute sa bouteille. Autant qu'on lui en donnerait, à cette garce, autant qu'elle en boirait. Et après ça, elle brûle les draps avec sa cigarette. Elle finira par nous mettre le feu. Elle fume tant qu'elle a ses doigts et ses ongles jaunes, comme si elle les avait trempés dans de l'arnica: si ce n'est pas malheureux! des draps qui ont été tissés sur la propriété... Attends un peu que je te les change souvent!"

Elle disait encore qu'elle ne refusait pas de balayer la chambre ni de faire le lit. Mais c'était cette feignantasse qui ne voulait pas sortir des draps. Et ce n'était pas la peine que Balionte, avec ses jambes enflées, montât des brocs d'eau chaude: elle les retrouvait, le soir, à la porte de la chambre où elle les avait posés le matin.

La pensée de Thérèse se détachait du corps inconnu qu'elle avait suscité pour sa joie, elle se lassait de son bonheur, éprouvait la satiété de l'imaginaire plaisir, — inventait une autre évasion. On s'agenouillait autour de son grabat. Un enfant d'Argelouse (un de ceux qui fuyaient à son approche) était apporté mourant dans la chambre de Thérèse; elle posait sur lui sa main toute jaunie de nicotine, et il se relevait guéri. Elle inventait d'autres rêves plus humbles: elle arrangeait une maison au bord de la mer, voyait en esprit le jardin, la terrasse, disposait les pièces, choisissait un à un chaque meuble, cherchait la place pour ceux qu'elle possédait à Saint-Clair, se disputait avec elle-même pour le choix des étoffes. Puis le décor se défaisait, devenait moins précis, et il ne restait qu'une charmille, un banc devant la mer. Thérèse, assise, reposait sa tête contre une épaule, se levait à l'appel de la cloche pour le repas, entrait dans la charmille noire et quelqu'un marchait à ses côtés qui soudain l'entourait des deux bras, l'attirait. Un baiser, songe-t-elle, doit arrêter le temps; elle imagine qu'il existe dans l'amour des secondes infinies. Elle l'imagine; elle ne le saura jamais. Elle voit la maison blanche encore, le puits; une pompe grince; des héliotropes arrosés parfument la cour; le dîner sera un repos avant ce bonheur du soir et de la nuit qu'il doit être impossible de regarder en face, tant il dépasse la puissance de notre cœur: ainsi l'amour dont Thérèse a été plus sevrée qu'aucune créature, elle en est possédée, pénétrée. A peine entend-elle les criailleries de Balionte. Que crie la vieille? Que M. Bernard rentrera du Midi, un jour ou l'autre, sans avertir: "et que dira-t-il quand il verra cette chambre? un vrai parc à cochons! Il faut que Madame se lève de gré ou de force." Assise sur son lit, Thérèse regarde avec stupeur ses jambes squelettiques, et ses pieds lui paraissent énormes. Balionte l'enveloppe d'une robe de chambre, la pousse dans un fauteuil. Elle cherche à côté d'elle les cigarettes, mais sa main retombe dans le vide. Un soleil froid entre par la fenêtre ouverte. Balionte s'agite, un balai à la main, s'essouffle, marmonne des injures, — Balionte qui est bonne pourtant, puisqu'on raconte en famille qu'à chaque Noël la mort du cochon qu'elle a fini d'engraisser lui arrache des larmes. Elle en veut à Thérèse de ne pas lui répondre: le silence est à ses yeux une injure, un signe de mépris.

Mais il ne dépendait pas de Thérèse qu'elle parlât. Quand elle ressentit dans son corps la fraîcheur des draps propres, elle crut avoir dit merci; en vérité, aucun son n'était sorti de ses lèvres. Balionte lui jeta, en s'en allant: "Ceux-là, vous ne les brûlerez pas!" Thérèse eut peur qu'elle ait enlevé les cigarettes, avança la main vers la table: les cigarettes n'y étaient plus. Comment vivre sans fumer? Il fallait que ses doigts pussent sans cesse toucher cette petite chose sèche et chaude; il fallait qu'elle pût ensuite les flairer indéfiniment et que la chambre baignât dans une brume qu'avait aspirée et rejetée sa bouche. Balionte ne remonterait que le soir; tout un après-midi sans tabac! Elle ferma les yeux, et ses doigts jaunes faisaient encore le mouvement accoutumé autour d'une cigarette.

A sept heures Balionte entra avec une bougie, posa sur la table le plateau: du lait, du café, un morceau de pain. "Alors, vous n'avez pas besoin d'autre chose?" Elle attendit malignement que Thérèse réclamât ses cigarettes; mais Thérèse ne détourna pas sa face collée au mur.

Balionte avait sans doute négligé de bien fermer la fenêtre: un coup de vent l'ouvrit, et le froid de la nuit emplit la chambre. Thérèse se sentait sans courage pour rejeter les couvertures, pour se lever, pour courir pieds nus jusqu'à la croisée. Le corps ramassé, le drap tiré jusqu'aux yeux, elle demeurait immobile, ne recevant que sur ses paupières et sur son front le souffle glacé. L'immense rumeur des pins emplissait Argelouse, mais en dépit de ce bruit d'Océan, c'était tout de même le silence d'Argelouse. Thérèse songeait que si elle eût aimé souffrir, elle ne se fût pas si profondément enfoncée sous ses couvertures. Elle essaya de les repousser un peu, ne put demeurer que quelques secondes exposée au froid. Puis, elle y réussit plus longtemps, comme par jeu. Sans que ce fût selon une volonté délibérée, sa douleur devenait ainsi son occupation et — qui sait? — sa raison d'être au monde.

XII

"Une lettre de Monsieur."

Comme Thérèse ne prenait pas l'enveloppe qu'elle lui tendait, Balionte insista: sûrement, Monsieur disait quand il rentrait; il fallait pourtant qu'elle le sût pour tout préparer.

"Si Madame veut que je lise..."

Thérèse dit: "Lisez! lisez!" Et, comme elle faisait toujours en présence de Balionte, se tourna du côté du mur. Pourtant, ce que déchiffrait Balionte la tira de sa torpeur:

J'ai été heureux d'apprendre, par les rapports de Balion, que tout va bien à Argelouse...

Bernard annonçait qu'il rentrerait par la route, mais que comme il comptait s'arrêter dans plusieurs villes, il ne pouvait fixer la date exacte de son retour.

Ce ne sera sûrement pas après le 20 décembre. Ne vous étonnez pas de me voir arriver avec Anne et le fils Deguilhem. Ils se sont fiancés à Beaulieu; mais ce n'est pas encore officiel; le fils Deguilhem tient beaucoup à vous voir d'abord. Question de convenance, assure-t-il; pour moi, j'ai le sentiment qu'il veut se faire une opinion sur vous savez quoi. Vous êtes trop intelligente pour ne pas vous tirer de cette épreuve. Rappelez-vous que vous êtes souffrante, que le moral est atteint. Enfin, je m'en rapporte à vous. Je saurai reconnaître votre effort pour ne pas nuire au bonheur d'Anne, ni compromettre l'heureuse issue de ce projet si satisfaisant pour la famille, à tous égards; — comme je n'hésiterais pas non plus, le cas échéant, à vous faire payer cher toute tentative de sabotage; mais je suis sûr que ce n'est pas à redouter.

C'était un beau jour clair et froid. Thérèse se leva, docile aux injonctions de Balionte, et fit à son bras quelques pas dans le jardin, mais eut bien de la peine à finir son blanc de poulet. Il restait dix jours avant le 20 décembre. Si Madame consentait à se secouer un peu, c'était plus qu'il n'en fallait pour être sur pied.

"On ne peut pas dire qu'elle y mette de la mauvaise volonté, disait Balionte à Balion. Elle fait ce qu'elle peut. Monsieur Bernard s'y connaît pour dresser les mauvais chiens. Tu sais, quand il leur met le "collier de force"? Celle-là ça n'a pas été long de la rendre comme une chienne couchante. Mais il ferait aussi bien de ne pas s'y fier..."

Thérèse, en effet, mettait tout son effort dans le renoncement au songe, au sommeil, à l'anéantissement. Elle s'obligeait à marcher, à manger, mais surtout à redevenir lucide, à voir avec ses yeux de chair les choses, les êtres; — et comme elle fût revenue dans une lande incendiée par elle, qu'elle eût foulé cette cendre, qu'elle se fût promenée à travers les pins brûlés et noirs, elle essaierait aussi de parler, de sourire au milieu de cette famille, — de sa famille.

Le 18, vers trois heures, par un temps couvert mais sans pluie, Thérèse était assise devant le feu de sa chambre, la tête appuyée au dossier, les yeux fermés. Une trépidation de moteur l'éveilla. Elle reconnut la voix de Bernard dans le vestibule; elle entendit aussi madame de la Trave. Lorsque Balionte, à bout de souffle, eut poussé la porte sans avoir frappé, Thérèse était debout déjà, devant la glace. Elle mettait du rouge à ses joues, à ses lèvres. Elle disait: "Il ne faut pas que je lui fasse peur, à ce garçon."

Mais Bernard avait commis une faute en ne montant pas d'abord chez sa femme. Le fils Deguilhem, qui avait promis à sa famille "de ne pas garder les yeux dans sa poche", se disait "que c'était, à tout le moins, un manque d'empressement et qui donnait à penser." Il s'écarta un peu d'Anne, releva son col de fourrure, en remarquant que "ces salons de campagne, il ne faut pas essayer de les chauffer". Il demanda à Bernard: "Vous n'avez pas de cave en dessous? Alors votre plancher pourrira toujours, à moins que vous ne fassiez mettre une couche de ciment..."

Anne de la Trave avait un manteau de petit gris, un chapeau de feutre sans ruban ni cocarde ("mais, disait madame de la Trave, il coûte plus cher, sans la moindre fourniture, que nos chapeaux d'autrefois avec leurs plumes et leurs aigrettes. C'est vrai que le feutre est de toute beauté. Il vient de chez Lailhaca, mais c'est le modèle de Reboux"). Madame de la Trave tendait ses bottines au feu, sa figure à la fois impérieuse et molle était tournée vers la porte. Elle avait promis à Bernard d'être à la hauteur des circonstances. Par exemple, elle l'avait averti: "Ne me demande pas de l'embrasser. On ne peut pas demander ça à ta mère. Ce sera déjà pour moi bien assez terrible de toucher sa main. Tu vois: Dieu sait que c'est épouvantable ce qu'elle a fait; eh bien, ce n'est pas ce qui me révolte le plus. On savait déjà qu'il y avait des gens capables d'assassiner... mais c'est son hypocrisie! Ça, c'est épouvantable! Tu te rappelles: "Mère, prenez donc ce fauteuil, vous serez mieux..." Et tu te souviens quand elle avait tellement peur de te frapper? "Le pauvre chéri a horreur de la mort, une consultation l'achèvera..." Dieu sait que je ne me doutais de rien; mais "pauvre chéri" dans sa bouche m'avait surprise..."

Maintenant, dans le salon d'Argelouse, madame de la Trave n'est plus sensible qu'à la gêne que chacun éprouve; elle observe les yeux de pie du fils Deguilhem fixés sur Bernard.

"Bernard, tu devrais aller voir ce que fait Thérèse... Elle est peut-être plus souffrante."

Anne (indifférente, comme détachée de ce qui peut survenir) reconnaît la première un pas familier, dit: "Je l'entends qui descend." Bernard, une main appuyée à son cœur, souffre d'une palpitation. C'était idiot de n'être pas arrivé la veille, il aurait réglé la scène d'avance avec Thérèse. Qu'allait-elle dire? Elle était de force à tout compromettre, sans rien faire précisément qu'on lui pût reprocher. Comme elle descend lentement l'escalier! Ils sont tous debout, tournés vers la porte que Thérèse ouvre enfin.

Bernard devait se rappeler, bien des années après, qu'à l'approche de ce corps détruit, de cette petite figure blanche et fardée, il pensa d'abord: *Cour d'assises*. Mais ce n'était pas à cause du crime de Thérèse. En une seconde, il revit cette image coloriée du *Petit*

Parisien qui, parmi beaucoup d'autres, ornait les cabinets en planches du jardin d'Argelouse; — et tandis que bourdonnaient les mouches, qu'au-dehors grinçaient les cigales d'un jour de feu, ses yeux d'enfant scrutaient ce dessin rouge et vert qui représentait *la Séquestrée de Poitiers.*

Ainsi contemplait-il, maintenant, Thérèse, exsangue, décharnée, et mesurait-il sa folie de n'avoir pas coûte que coûte écarté cette femme terrible, — comme on va jeter à l'eau un engin qui, d'une seconde à l'autre, peut éclater. Que ce fût ou non à son insu, Thérèse suscitait le drame, — pire que le drame: le fait divers; il fallait qu'elle fût criminelle ou victime... Il y eut, du côté de la famille, une rumeur d'étonnement et de pitié si peu feinte, que le fils Deguilhem hésita dans ses conclusions, ne sut plus que penser. Thérèse disait:

"Mais c'est très simple, le mauvais temps m'empêchait de sortir, alors j'avais perdu l'appétit. Je ne mangeais presque plus. Mieux vaut maigrir qu'engraisser... Mais parlons de toi, Anne, je suis heureuse..."

Elle lui prit les mains (elle était assise, Anne debout). Elle la contemplait. Dans cette figure, qu'on eût cru rongée, Anne reconnaissait bien ce regard dont l'insistance naguère l'irritait. Elle se souvient qu'elle lui disait: "Quand tu auras fini de me regarder comme ça!"

"Je me réjouis de ton bonheur, ma petite Anne."

Elle sourit brièvement au "bonheur d'Anne", au fils Deguilhem — à ce crâne, à ces moustaches de gendarme, à ces épaules tombantes, à cette jaquette, à ces petites cuisses grasses sous un pantalon rayé gris et noir (mais quoi! c'était un homme comme tous les hommes, — enfin, un mari). Puis de nouveau elle posa les yeux sur Anne, lui dit:

"Enlève ton chapeau... Ah! comme ça, je te reconnais, ma chérie."

Anne, maintenant, voyait de tout près une bouche un peu grimaçante, ces yeux toujours secs, ces yeux sans larmes; mais elle ne savait pas ce que pensait Thérèse. Le fils Deguilhem disait que l'hiver à la campagne n'est pas si terrible pour une femme qui aime son intérieur: "Il y a toujours tant de choses à faire dans une maison."

"Tu ne me demandes pas des nouvelles de Marie?

— C'est vrai... Parle-moi de Marie..."

Anne parut de nouveau méfiante, hostile; depuis des mois, elle répétait souvent, avec les mêmes intonations que sa mère: "Je lui aurais tout pardonné, parce que enfin c'est une malade; mais son indifférence pour Marie, je ne peux pas la digérer. Une mère qui ne s'intéresse pas à son enfant, vous pouvez inventer toutes les excuses que vous voudrez, je trouve ça ignoble."

Thérèse lisait dans la pensée de la jeune fille: "Elle me méprise parce que je ne lui ai pas d'abord parlé de Marie. Comment lui expliquer? Elle ne comprendrait pas que je suis remplie de moi-même, que je m'occupe tout entière. Anne, elle, n'attend que d'avoir des enfants pour s'anéantir en eux, comme a fait sa mère, comme font toutes les femmes de la famille. Moi, il faut toujours que je me retrouve; je m'efforce de me rejoindre... Anne oubliera son adolescence contre la mienne, les caresses de Jean Azévédo, dès le premier vagissement du marmot que va lui faire ce gnome, sans même enlever sa jaquette. Les femmes de la famille aspirent à perdre toute existence individuelle. C'est beau, ce don total à l'espèce; je sens la beauté de cet effacement, de cet anéantissement... Mais moi, mais moi..."

Elle essaya de ne pas écouter ce qu'on disait, de penser à Marie; la petite devait parler, maintenant: "Cela m'amuserait quelques secondes, peut-être, de l'entendre, mais tout de suite elle m'ennuierait, je serais impatiente de me retrouver seule avec moi-même..." Elle interroge Anne:

"Elle doit bien parler, Marie?

— Elle répète tout ce qu'on veut. C'est tordant. Il suffit d'un coq ou d'une trompe d'auto, pour qu'elle lève son petit doigt et dise: 'T'entends la sisique?' C'est un amour, c'est un chou."

Thérèse songe: "Il faut que j'écoute ce qu'on dit. J'ai la tête vide; que raconte le fils Deguilhem?" Elle fait un grand effort, prête l'oreille.

"Dans ma propriété de Balisac, les résiniers ne sont pas vaillants comme ici: quatre amasses de gemme, lorsque les paysans d'Argelouse en font sept ou huit.

— Au prix où est la gemme, faut-il qu'ils soient fainéants!

— Savez-vous qu'un résinier, aujourd'hui, se fait des journées de cent francs... Mais je crois que nous fatiguons madame Desqueyroux..."

Thérèse appuyait au dossier sa nuque. Tout le monde se leva. Bernard décida qu'il ne rentrerait pas à Saint-Clair. Le fils Deguilhem acceptait de conduire l'auto que le chauffeur ramènerait à Argelouse, le lendemain, avec le bagage de Bernard. Thérèse fit un effort pour se lever, mais sa belle-mère l'en empêcha.

Elle ferme les yeux, elle entend Bernard dire à madame de la Trave: "Ces Balion, tout de même! ce que je vais leur laver la tête... Ils le sentiront passer. — Fais attention, ne va pas trop fort, il ne faut pas qu'ils s'en aillent; d'abord ils en savent trop long; et puis, pour les propriétés... Balion est seul à bien connaître toutes les limites."

Madame de la Trave répond à une réflexion de Bernard que Thérèse n'a pas entendue: "Tout de même, sois prudent, ne te fie pas trop à elle, surveille ses gestes, ne la laisse jamais entrer seule à la cuisine ou à la salle à manger... mais non: elle n'est pas évanouie; elle dort ou elle fait semblant."

Thérèse rouvre les yeux: Bernard est devant elle; il tient un verre et dit: "Avalez ça; c'est du vin d'Espagne; c'est très remontant." Et comme il fait toujours ce qu'il a décidé de faire, il entre à la cuisine, se met en colère. Thérèse entend le patois glapissant de Balionte et songe: "Bernard a eu peur, c'est évident; peur de quoi?" Il rentre:

"Je pense que vous mangerez avec plus d'appétit à la salle à manger que dans votre chambre. J'ai donné des ordres pour que le couvert soit mis comme autrefois."

Thérèse retrouvait le Bernard du temps de l'instruction: l'allié qui voulait à tout prix la tirer d'affaire. Il désire qu'elle guérisse, coûte que coûte. Oui, c'est évident qu'il a eu peur. Thérèse l'observe, assis en face d'elle et tisonnant, mais ne devine pas l'image que contemplent ses gros yeux dans la flamme; ce dessin rouge et vert du *Petit Parisien: la Séquestrée de Poitiers.*

Autant qu'il ait plu, le sable d'Argelouse ne retient aucune flaque. Au cœur de l'hiver, il suffit d'une heure de soleil pour impunément fouler, en espadrilles, les chemins feutrés d'aiguilles, élastiques et secs. Bernard chassait tout le jour, mais rentrait pour les repas, s'inquiétait de Thérèse, la soignait comme il n'avait jamais fait. Très peu de contrainte dans leurs rapports. Il l'obligeait à se peser tous les trois jours, à ne fumer que deux cigarettes après chaque repas. Thérèse, sur le conseil de Bernard, marchait beaucoup: "L'exercice est le meilleur apéritif."

Elle n'avait plus peur d'Argelouse; il lui semblait que les pins s'écartaient, ouvraient leurs rangs, lui faisaient signe de prendre le large. Un soir, Bernard lui avait dit: "Je vous demande d'attendre jusqu'au mariage d'Anne; il faut que tout le pays nous voie, une fois encore, ensemble; après, vous serez libre." Elle n'avait pu dormir, durant la nuit qui suivit. Une inquiète joie lui tenait les yeux ouverts. Elle entendit à l'aube les coqs innombrables qui ne semblaient pas se répondre: ils chantaient tous ensemble, emplissaient la terre et le ciel d'une seule clameur. Bernard la lâcherait dans le monde, comme autrefois dans la lande cette laie qu'il n'avait pas su apprivoiser. Anne enfin mariée, les gens diraient ce qu'ils voudraient: Bernard immergerait Thérèse au plus profond de Paris et prendrait la fuite. C'était entendu entre eux. Pas de divorce ni de séparation officielle; on inventerait, pour le monde, une raison de santé ("elle ne se porte bien qu'en voyage"). Il lui réglerait fidèlement ses gemmes, à chaque Toussaint.

Bernard n'interrogeait pas Thérèse sur ses projets: qu'elle aille se faire pendre ailleurs. "Je ne serai tranquille, disait-il à sa mère, que lorsqu'elle aura débarrassé le plancher. — J'entends bien qu'elle reprendra son nom de jeune fille... N'empêche que si elle fait des siennes, on saura bien te retrouver." Mais Thérèse, affirmait-il, ne ruait que dans les brancards. Libre, peut-être, n'y aurait-il pas plus raisonnable. Il fallait, en tout cas, en courir la chance. C'était aussi l'opinion de M. Larroque. Tout compte fait, mieux valait que Thérèse disparût; on l'oublierait plus vite, les gens perdraient l'habitude d'en parler. Il importait de faire le silence. Cette idée avait pris racine en eux et rien ne les en eût fait démordre: il fallait que Thérèse sortît des brancards. Qu'ils en étaient impatients!

Thérèse aimait ce dépouillement que l'hiver finissant impose à une terre déjà si nue; pourtant la bure tenace des feuilles mortes demeurait attachée aux chênes. Elle découvrait que le silence d'Argelouse n'existe pas. Par les temps les plus calmes, la forêt se plaint comme on pleure sur soi-même, se berce, s'endort et les nuits ne sont qu'un indéfini chuchotement. Il y aurait des aubes de sa future vie, de cette inimaginable vie, des aubes si désertes qu'elle regretterait peut-être l'heure du réveil à Argelouse, l'unique clameur des coqs sans nombre. Elle se souviendra, dans les étés qui vont venir, des cigales du jour et des grillons de la nuit. Paris: non plus les pins déchirés, mais les êtres redoutables; la foule des hommes après la foule des arbres.

Les époux s'étonnaient de ce qu'entre eux subsistait si peu de gêne. Thérèse songeait que les êtres nous deviennent supportables dès que nous sommes sûrs de pouvoir les quitter. Bernard s'intéressait au poids de Thérèse, — mais aussi à ses propos: elle parlait devant lui plus librement qu'elle n'avait jamais fait: "A Paris... quand je serai à Paris..." Elle habiterait l'hôtel, chercherait peut-être un appartement. Elle comptait suivre des cours, des conférences, des concerts, "reprendre son éducation par la base". Bernard ne songeait pas à la surveiller; et, sans arrière-pensée, mangeait sa soupe, vidait son verre. Le docteur Pédemay, qui parfois les rencontrait sur la route d'Argelouse, disait à sa femme: "Ce qu'il y a d'étonnant, c'est qu'ils n'ont pas du tout l'air de jouer la comédie."

XIII

Un matin chaud de mars, vers dix heures, le flot humain coulait déjà, battait la terrasse du café de la Paix où étaient assis Bernard et Thérèse. Elle jeta sa cigarette et, comme font les Landais, l'écrasa avec soin.

"Vous avez peur de mettre le feu au trottoir?"

Bernard se força pour rire. Il se reprochait d'avoir accompagné Thérèse jusqu'à Paris. Sans doute au lendemain du mariage d'Anne, l'avait-il fait à cause de l'opinion publique, — mais surtout il avait obéi au désir de la jeune femme. Il se disait qu'elle avait le génie des situations fausses: tant qu'elle demeurerait dans sa vie, il risquait de condescendre ainsi à des gestes déraisonnables; même sur un esprit aussi équilibré, aussi solide que le sien, cette folle gardait un semblant d'influence. Au moment de se séparer d'elle, il ne pouvait se défendre d'une tristesse dont il n'eût jamais convenu: rien qui lui fût plus étranger qu'un sentiment de cette sorte, provoqué par autrui (mais surtout par Thérèse... cela était impossible à imaginer). Qu'il se sentait impatient d'échapper à ce trouble! Il ne respirerait librement que dans le train de midi. L'auto l'attendrait ce soir à Langon. Très vite, au sortir de la gare,. sur la route de Villandraut, les pins commencent. Il observait le profil de Thérèse, ses prunelles qui parfois s'attachaient dans la foule à une figure, la suivaient jusqu'à ce qu'elle ait disparu; et soudain:

"Thérèse... je voulais vous demander..."

Il détourna les yeux, n'ayant jamais pu soutenir le regard de cette femme, puis très vite:

"Je voudrais savoir... C'était parce que vous me détestiez? Parce que je vous faisais horreur?"

Il écoutait ses propres paroles avec étonnement, avec agacement. Thérèse sourit, puis le fixa d'un air grave: enfin! Bernard lui posait une question, celle même qui fût d'abord venue à l'esprit de

Thérèse si elle avait été à sa place. Cette confession longuement préparée, dans la victoria, au long de la route du Nizan, puis dans le petit train de Saint-Clair, cette nuit de recherches, cette quête patiente, cet effort pour remonter à la source de son acte, — enfin ce retour épuisant sur soi-même était peut-être au moment d'obtenir son prix. Elle avait, à son insu, troublé Bernard. Elle l'avait compliqué; et voici qu'il l'interrogeait comme quelqu'un qui ne voit pas clair, qui hésite. Moins simple... donc, moins implacable. Thérèse jeta sur cet homme nouveau un regard complaisant, presque maternel. Pourtant, elle lui répondit, d'un ton de moquerie:

"Ne savez-vous pas que c'est à cause de vos pins? Oui, j'ai voulu posséder seule vos pins."

Il haussa les épaules:

"Je ne le crois plus si je l'ai jamais cru. Pourquoi avez-vous fait cela? Vous pouvez bien me le dire, maintenant."

Elle regardait dans le vide: sur ce trottoir, au bord d'un fleuve de boue et de corps pressés, au moment de s'y jeter, de s'y débattre, ou de consentir à l'enlisement, elle percevait une lueur, une aube: elle imaginait un retour au pays secret et triste, — toute une vie de méditation, de perfectionnement, dans le silence d'Argelouse: l'aventure intérieure, la recherche de Dieu... Un Marocain qui vendait des tapis et des colliers de verre crut qu'elle lui souriait, s'approcha d'eux. Elle dit, avec le même air de se moquer:

"J'allais vous répondre: 'Je ne sais pas pourquoi j'ai fait cela'; mais maintenant, peut-être le sais-je, figurez-vous! Il se pourrait que ce fût pour voir dans vos yeux une inquiétude, une curiosité, — du trouble enfin: tout ce que depuis une seconde j'y découvre."

Il gronda, d'un ton qui rappelait à Thérèse leur voyage de noces:

"Vous aurez donc de l'esprit jusqu'à la fin... Sérieusement: pourquoi?"

Elle ne riait plus; elle demanda à son tour:

"Un homme comme vous, Bernard, connaît toujours toutes les raisons de ses actes, n'est-ce pas?

— Sûrement... sans doute... Du moins il me semble.

— Moi, j'aurais tant voulu que rien ne vous demeurât caché. Si vous saviez à quelle torture je me suis soumise, pour voir clair...

Mais toutes les raisons que j'aurais pu vous donner, comprenez-vous, à peine les eussé-je énoncées, elles m'auraient paru menteuses..."

Bernard s'impatienta:

"Enfin, il y a eu tout de même un jour où vous vous êtes décidée... où vous avez fait le geste?

— Oui, le jour du grand incendie de Mano."

Ils s'étaient rapprochés, parlaient à mi-voix. A ce carrefour de Paris, sous ce soleil léger, dans ce vent un peu trop frais qui sentait le tabac d'outre-mer et agitait les stores jaunes et rouges, Thérèse trouvait étrange d'évoquer l'après-midi accablant, le ciel gorgé de fumée, le fuligineux azur, cette pénétrante odeur de torche qu'épandent les pignadas consumées, — et son propre cœur ensommeillé où prenait forme lentement le crime.

"Voici comment cela est venu: c'était dans la salle à manger, obscure comme toujours à midi; vous parliez, la tête un peu tournée vers Balion, oubliant de compter les gouttes qui tombaient dans votre verre."

Thérèse ne regardait pas Bernard, toute au soin de ne pas omettre la plus menue circonstance; mais elle l'entendit rire et alors le dévisagea: oui, il riait de son stupide rire; il disait: "Non! mais pour qui me prenez-vous!" Il ne la croyait pas (mais, au vrai, ce qu'elle disait, était-ce croyable?) Il ricanait et elle reconnaissait le Bernard sûr de soi et qui ne s'en laisse pas conter. Il avait reconquis son assiette; elle se sentait de nouveau perdue; il gouaillait:

"Alors, l'idée vous est venue, comme cela, tout d'un coup, par l'opération du Saint-Esprit?"

Qu'il se haïssait d'avoir interrogé Thérèse! C'était perdre tout le bénéfice du mépris dont il avait accablé cette folle: elle relevait la tête, parbleu! Pourquoi avait-il cédé à ce brusque désir de comprendre? Comme s'il y avait quoi que ce fût à comprendre, avec ces détraquées! Mais cela lui avait échappé; il n'avait pas réfléchi...

"Écoutez, Bernard, ce que je vous en dis, ce n'est pas pour vous persuader de mon innocence, bien loin de là!"

Elle mit une passion étrange à se charger: pour avoir agi ainsi en somnambule, il fallait, à l'entendre, que depuis des mois elle eût accueilli dans son cœur, qu'elle eût nourri des pensées criminelles. D'ailleurs, le premier geste accompli, avec quelle fureur lucide elle avait poursuivi son dessein! avec quelle ténacité!

"Je ne me sentais cruelle que lorsque ma main hésitait. Je m'en voulais de prolonger vos souffrances. Il fallait aller jusqu'au bout, et vite! Je cédais à un affreux devoir. Oui, c'était comme un devoir."

Bernard l'interrompit:

"En voilà des phrases! Essayez donc de me dire, une bonne fois, ce que vous vouliez! Je vous en défie.

— Ce que je voulais? Sans doute serait-il plus aisé de dire ce que je ne voulais pas; je ne voulais pas jouer un personnage, faire des gestes, prononcer des formules, renier enfin à chaque instant une Thérèse qui... Mais non, Bernard; voyez, je ne cherche qu'à être véridique; comment se fait-il que tout ce que je vous raconte-là rende un son si faux?

— Parlez plus bas: le monsieur qui est devant nous s'est retourné."

Bernard ne souhaitait plus rien que d'en finir. Mais il connaissait cette maniaque: elle s'en donnerait à cœur joie de couper les cheveux en quatre. Thérèse comprenait aussi que cet homme, une seconde rapproché, s'était de nouveau éloigné à l'infini. Elle insistait pourtant, essayait de son beau sourire, donnait à sa voix certaines inflexions basses et rauques qu'il avait aimées.

"Mais maintenant, Bernard, je sens bien que la Thérèse qui, d'instinct, écrase sa cigarette parce qu'un rien suffit à mettre le feu aux brandes, — la Thérèse qui aimait compter ses pins elle-même, régler ses gemmes; — la Thérèse qui était fière d'épouser un Desqueyroux, de tenir son rang au sein d'une bonne famille de la lande, contente enfin de se caser, comme on dit, cette Thérèse-là est aussi réelle que l'autre, aussi vivante; non, non: il n'y avait aucune raison de la sacrifier à l'autre.

— Quelle autre?"

Elle ne sut que répondre, et il regarda sa montre. Elle dit: "Il faudra pourtant que je revienne quelquefois, pour mes affaires... et pour Marie.

— Quelles affaires? C'est moi qui gère les biens de la communauté. Nous ne revenons pas sur ce qui est entendu, n'est-ce pas? Vous aurez votre place à toutes les cérémonies officielles où il importe, pour l'honneur du nom et dans l'intérêt de Marie, que l'on nous voie ensemble. Dans une famille aussi nombreuse que la nôtre, les mariages ne manquent pas, Dieu merci! ni les enterrements. Pour commencer, ça m'étonnerait que l'oncle Martin dure jusqu'à l'automne: ce vous sera une occasion, puisqu'il paraît que vous en avez déjà assez..."

Un agent à cheval approchait un sifflet de ses lèvres, ouvrait d'invisibles écluses, une armée de piétons se hâtait de traverser la chaussée noire avant que l'ait recouverte la vague des taxis: "J'aurais dû partir, une nuit, vers la lande du Midi, comme Daguerre. J'aurais dû marcher à travers les pins rachitiques de cette terre mauvaise; — marcher jusqu'à épuisement. Je n'aurais pas eu le courage de tenir ma tête enfoncée dans l'eau d'une lagune (ainsi qu'a fait ce berger d'Argelouse, l'année dernière, parce que sa bru ne lui donnait pas à manger). Mais j'aurais pu me coucher dans le sable, fermer les yeux... C'est vrai qu'il y a les corbeaux, les fourmis qui n'attendent pas..."

Elle contempla le fleuve humain, cette masse vivante qui allait s'ouvrir sous son corps, la rouler, l'entraîner. Plus rien à faire. Bernard tire encore sa montre.

"Onze heures moins le quart: le temps de passer à l'hôtel...

— Vous n'aurez pas trop chaud pour voyager.

— Il faudra même que je me couvre, ce soir, dans l'auto."

Elle vit en esprit la route où il roulerait, crut que le vent froid baignait sa face, ce vent qui sent le marécage, les copeaux résineux, les feux d'herbes, la menthe, la brume. Elle regarda Bernard, eut ce sourire qui autrefois faisait dire aux dames de la lande: "On ne peut pas prétendre qu'elle soit jolie, mais elle est le charme même." Si Bernard lui avait dit: "Je te pardonne; viens..." Elle se serait levée, l'aurait suivi. Mais Bernard, un instant irrité de se sentir ému, n'éprouvait plus que l'horreur des gestes inaccoutumés, des paroles différentes de celles qu'il est d'usage d'échanger chaque jour. Bernard était "à la voie", comme ses carrioles: il avait besoin de ses ornières; quand il les aura retrouvées, ce soir même, dans la salle à manger de Saint-Clair, il goûtera le calme, la paix.

"Je veux une dernière fois vous demander pardon, Bernard."

Elle prononce ces mots avec trop de solennité et sans espoir, — dernier effort pour que reprenne la conversation. Mais lui proteste: "N'en parlons plus..."

"Vous allez vous sentir bien seul: sans être là, j'occupe une place; mieux vaudrait pour vous que je fusse morte."

Il haussa un peu les épaules et, presque jovial, la pria "de ne pas s'en faire pour lui".

"Chaque génération de Desqueyroux a eu son vieux garçon! il fallait bien que ce fût moi. J'ai toutes les qualités requises (ce n'est pas vous qui direz le contraire?) Je regrette seulement que nous ayons eu une fille; à cause du nom qui va finir. Il est vrai que, même si nous étions demeurés ensemble, nous n'aurions pas voulu d'autre enfant... alors, en somme, tout va bien... Ne vous dérangez pas; restez là."

Il fit signe à un taxi, revint sur ses pas pour rappeler à Thérèse que les consommations étaient payées.

Elle regarda longtemps la goutte de porto au fond du verre de Bernard; puis de nouveau dévisagea les passants. Certains semblaient attendre, allaient et venaient. Une femme se retourna deux fois, sourit à Thérèse (ouvrière, ou déguisée en ouvrière?). C'était l'heure où se vident les ateliers de couture. Thérèse ne songeait pas à quitter la place; elle ne s'ennuyait ni n'éprouvait de tristesse. Elle décida de ne pas aller voir, cet après-midi, Jean Azévédo, — et poussa un soupir de délivrance: elle n'avait pas envie de le voir: causer encore! chercher des formules! Elle connaissait Jean Azévédo; mais les êtres dont elle souhaitait l'approche, elle ne les connaissait pas; elle savait d'eux seulement qu'ils n'exigeraient guère de paroles. Thérèse ne redoutait plus la solitude. Il suffisait qu'elle demeurât immobile: comme son corps, étendu dans la lande du Midi, eût attiré les fourmis, les chiens, ici elle pressentait déjà autour de sa chair une agitation obscure, un remous. Elle eut faim, se leva, vit dans une glace d'Old England la jeune femme qu'elle était: ce costume de voyage très ajusté lui allait bien. Mais de son temps d'Argelouse, elle gardait une figure comme rongée: ses pommettes trop saillantes, ce nez court. Elle songea: "Je n'ai pas d'âge." Elle déjeuna (comme souvent dans ses rêves) rue Royale. Pourquoi rentrer à l'hôtel puisqu'elle n'en avait pas envie? Un chaud contentement lui venait, grâce à cette demi-bouteille de Pouilly. Elle demanda des cigarettes. Un jeune homme, d'une table voisine, lui tendit son briquet allumé, et elle sourit. La route de Villandraut, le soir, entre ces pins sinistres, dire qu'il y a une heure à peine, elle souhaitait de s'y enfoncer aux côtés de Bernard! Qu'importe d'aimer tel pays ou tel autre, les pins ou les érables, l'Océan ou la plaine? Rien ne l'intéressait que ce qui vit, que les êtres de sang et de chair. "Ce n'est pas la ville de pierres que je chéris, ni les conférences, ni les musées, c'est la forêt vivante qui s'y agite, et que creusent des passions plus forcenées qu'aucune tempête. Le gémissement des pins d'Argelouse, la nuit, n'était émouvant que parce qu'on l'eût dit humain."

Thérèse avait un peu bu et beaucoup fumé. Elle riait seule comme une bienheureuse. Elle farda ses joues et ses lèvres, avec minutie; puis, ayant gagné la rue, marcha au hasard.

NOTES

NOTES

The Notes are intended to explain words, expressions and references not covered by Harrap's *Shorter French and English Dictionary*.

TITLE

Thérèse Desqueyroux. The *s* in Desqueyroux is pronounced.

PREFACE

page 48. The quotation from Baudelaire is taken from *Mademoiselle Bistouri*, No. XLVII in the *Petits Poèmes en Prose*.

Sainte Locuste. Locusta (or Lucusta) was a notorious poisoner of Gallic origin, who lived in Rome in the first century. Involved notably in the death of the Emperor Claudius (A.D. 54) and —at the request of Nero—in that of Britannicus (A.D. 55), she was finally executed on the orders of Galba. Mauriac is somewhat romantically presenting his heroine as a latter-day Locusta and suggesting that, had he not been afraid of offending orthodox opinion, he would have attempted to fulfil his real ambition: to show the power of Grace over even the greatest sinner by leading Thérèse not only to repentance but towards sainthood.

CHAPTER I (*page* 49)

page 49. *Non-Lieu*, "Case dismissed." Thérèse has not, in fact, been tried in public court; a preliminary investigation, conducted *in camera*, has resulted in the finding that there is no case for her to answer. French procedure differs here from that in force in Great Britain. When a crime has been committed, a preliminary inquiry is carried out by a *juge d'instruction*, an examining magistrate who has no direct counterpart in this country. Empowered to summon witnesses and to issue warrants for arrest, the *juge d'instruction*, with the collaboration of the police, prepares the *dossier* relating to the crime. If, as here, he concludes that there is no ground for prosecution (*qu'il n'y a pas lieu de poursuivre*), he dismisses the case by issuing a *non-lieu*. If, on the other hand, he decides that the State is in a position to bring charges, the person concerned will be committed for trial either before the *Tribunal correctionnel* if it is a minor offence or, in the case of a major crime such as poisoning, before the *Cour d'assises* which meets regularly in the chief town of the *département*.

page 49. les carottes sont cuites, "it's in the bag."

page 51. Le Semeur. An invention on Mauriac's part, although there was a newspaper published at Tarbes, in the Hautes-Pyrénées, called *Le Semeur du Dimanche* (1907–1944).

l'instruction a été bâclée, "the preliminary inquiry has been scamped." The investigation has not been conducted properly because of Monsieur Larroque's political influence and because Thérèse's husband has given false testimony in her favour. See also Note for *non-lieu*, above.

daguerréotype, "daguerreotype." An early kind of photograph, named after Daguerre (1789–1851).

page 52. La Cour d'assises évitée. See Note for *non-lieu*, above.

La Lande Conservatrice. An invented title.

page 53. si le mieux s'accentue, "if his health continues to improve."

comme les deux doigts de la main, "as close as can be."

CHAPTER II (*page 55*)

page 56. juge d'instruction. See Note to Chapter I, page 49 (*non-lieu*).

Chloroforme: 30 grammes... Since in this country grammes are not used as a measurement for drugs in a fluid state—and although digitalis is never presented in this way—the English form of the prescription might be as follows:

Chloroform : oz. 1.
Tincture of aconite : minims 20.
Solution of digitaline : to fl. oz. 5.

Brevet simple. The *brevet élémentaire* (B.E.) designates a school certificate taken at the age of fifteen and relating to the higher stage of primary education. Largely superseded in practice today by the B.E.P.C. (*brevet d'études du premier cycle du second degré*). Both the B.E.P.C. and the B.E. are in process of being replaced by a new *brevet d'enseignement général*.

allégeance, "sense of relief."

page 57. lorsque la place nette, on peut recommencer sa vie sur nouveaux frais, "when, with a clear conscience, you can start life afresh with a clean slate."

page 57. comment elle est, quelle tête elle fait, "what she looks like and how she is taking it."

page 59. de tous ces rubans ni de toutes ces rengaines, "all those good-conduct ribbons and all that rigmarole."

CHAPTER III (*page 61*)

page 61. maire et conseiller général de B., "mayor of B(azas) and a county councillor."

page 62. palombière. In his novels situated in the Landes, Mauriac often mentions—and frequently gives symbolical importance to—the passage of the *palombes* (a ring-dove or wood-pigeon) and the activity of catching or shooting them. The Landes provide the natural stopping-place for the *palombes,* migrating south in the autumn and returning north in February—the oak trees generally interspersed with the pine plantations providing them with food in the form of acorns. The method of catching the *palombes* is elaborate in the extreme. A site is chosen—generally at the edge of a clearing and dominating a downward slope—for the construction of a *palombière.* This is a large and complex half-underground cabin, walled with wattles and heather and camouflaged with brushwood and oak branches. A network of narrow trenches, with concealed observation posts, stretches outwards from it and *palomières,* or folding nets controlled by cords, are placed on the ground all around it. The hunters attract the migrating birds by imitating their cries and by means of decoys: blinded, captive *palombes.* Some, tied to *huétères* (mobile perches attached to the tops of the trees), are made to sway by the action of a further series of cords, while others, with their wings clipped, are left to feed in the nets themselves. The hunters, who may have to wait for days on end, require great patience and concentration and, for the timing of the kill, considerable skill, but over a hundred birds may be taken at one swoop. Shooting is a more difficult and less productive operation. The *palonnaïre,* as he is known locally, will set out with his gun, a *huétère,* a truss of blind decoys, and an axe with which to construct a rough-and-ready *palombière* or *jouquet* (a word sometimes used also for an observation post in a *palombière* proper). He follows roughly the same procedure as for catching, although he will do well to take six or seven birds.

Since Bernard Desqueyroux is presented as a "rather uncouth version of a Hippolytus" whose one profound interest in life is hunting, it is perhaps necessary to attempt to convey the passion—refined some-

times into pure savagery by the cold, the hunger and the long waiting—
that takes over in these sportsmen at the moment of the kill. Emmanuel
Delbousquet (in *Nos Landes*, by various hands, Mont-de-Marsan,
Chabas, 1927) describes the transformation of some of his friends at
this moment as follows (p. 251):

> D'un bond, ils furent debout, hors de la hutte. Je les vis se baisser,
> se relever, tirer encore. Cinq oiseaux restaient, sur la bruyère, les ailes
> ployées, le ventre moucheté de rouge. Loubérat saisit les plus proches,
> tordant leur col entre ses doigts. Son compagnon revenait vers nous
> tuant les autres et, comme l'un d'eux palpitait encore, lent à mourir,
> battant l'air de ses ailes musculeuses au bout de la main tendue,
> l'homme eut un rire silencieux, porta la tête de la palombe à ses lèvres
> et d'un coup de dent lui ouvrit le crâne.
>
> Des gouttes de sang perlèrent de sa bouche qu'il essuya d'un revers
> de main. Puis son rire éclata. Et ce fut, de nouveau, sur le pignada noir
> le silence profond du crépuscule...

page 63. *il n'y aura plus de monsieur, ici. Monsieur* is here used in the
sense of "a proper gentleman".

    cet Hippolyte mal léché, "this rather uncouth version of a
Hippolytus." The reference is here appropriate since Hippolytus, in
Greek legend, was a famous hunter and charioteer and the favourite
of the goddess Artemis, patroness of hunting. The tragic theme of the
relationship between Hippolytus and his step-mother Phaedra, who
conceived a passion for him and whose advances he repulsed, has been
treated by a number of dramatists, including Euripides: *Hippolytus*,
Seneca: *Phaedra*, and Racine: *Phèdre*.

page 64. *Paul de Kock*. Charles-Paul de Kock (1794–1871). A minor
French novelist and playwright. A prolific and an extremely popular
writer, he was essentially a purveyor of light entertainment, as such
titles as *Un jeune Homme charmant* (1839) and *La Fille aux trois Jupons*
(1861) suggest.

    Les Causeries du Lundi (1851–1862). A famous series of criti-
cal studies in French literature—originally published as weekly articles
—by the major French critic and writer Charles-Augustin Sainte-Beuve
(1804–1869).

    L'Histoire du Consulat et de l'Empire (1845–62). A celebrated
and very lengthy work by the famous statesman and historian Adolphe
Thiers (1797–1877).

    aulnes. Alternative spelling of *aunes*, "alders".

page 66. *elle fume comme un sapeur: un genre qu'elle se donne,* "she smokes like a chimney: it's an affectation of hers."

Le père pense mal, "Her father is an unbeliever."

page 67. *Vilméja.* The usual spelling is: Villemégea.

crosses, "fronds."

qui s'en allait de la poitrine, "who was wasting away with consumption."

Ils jurent leurs grands dieux, "They swear by all that's holy."

Saint-Sébastien. San Sebastian, the port and seaside resort on the northern coast of Spain, a few miles from the French border.

Elle devait quêter avec le fils Deguilhem, "She was to pair off with young Deguilhem for the taking of the collection." The customary pairing-off of the *garçons d'honneur* and the *demoiselles d'honneur* often has a wider significance. Anne's family hopes that she will eventually marry "young Deguilhem" and the linking of their names in this connection is already indicative of a probable "match".

CHAPTER IV (*page* 68)

page 68. *noces de Gamache,* "pantagruelic wedding-feast." This expression, which comes from the Spanish *las bodas de Camacho,* refers to an episode in the second part of *Don Quixote,* by Cervantes (1547–1616), in which Don Quixote and Sancho Panza attend the very lavish wedding-feast of the rich peasant Camacho.

page 69. *Bædeker.* The name commonly applied to a famous and extensive series of guide-books, issued in several languages, originated by the German publisher Karl Bædeker (1801–1859).

page 70. *Picon grenadine.* A Picon (the registered trade name is *Amer Picon*) is an apéritif, which is here topped up with grenadine— a syrup of pomegranates or of red currants used for sweetening and flavouring.

page 71. *gilet de cellular,* "a cellular ('Aertex' type) singlet."

Celle-là est trop forte! "That really is a bit thick!"

page 74. *ca coûterait ce que ça coûterait,* "no matter what the expense."

quelque restaurant du Bois. In the Bois de Boulogne, there are a number of fashionable restaurants.

le service innombrable, "the countless waiters."

Pristi, ils ne le donnent pas, "They're not exactly giving it away, by Jove."

page 75. tourner l'œil. An expressive way of saying "to faint".

pour me faire grimper, "to get me worked up."

page 77. Qu'allait-elle chercher si loin?, "Why was she complicating everything?"

CHAPTER V *(page 79)*

page 79. c'est un tombeau. D'ailleurs, nous la tenons, "she's as silent as the grave, and, in any case, we have a hold over her."

page 80. l'œuvre des bons livres, "the Church Book Guild."

Salies. Salies-de-Béarn, a spa in the Basses-Pyrénées.

CHAPTER VI *(page 85)*

page 85. Pourquoi ne vas-tu pas consulter? "Why don't you go and see a doctor?"

valérianate, "tincture of valerian."

page 86. confit froid, "cold pâté."

s'occuper des appeaux, leur crever les yeux. See Note to Chapter III, page 62 *(palombière)*.

page 87. qui jouait sur plusieurs tableaux, "who had a finger in a number of pies."

un refrain de Béranger. Pierre-Jean de Béranger (1780–1857), poet and song-writer, imprisoned under the Restoration for his liberal views and elected a Deputy in 1848. The popular and radical inspiration of his collections lent them great success and such songs as *Le vieux Sergent* and *Le Dieu des bonnes gens* were known throughout the country. However it is rather because of the hedonistic quality of much of Béranger's work that it is 'broad-minded' on the part of M. Larroque to hum one of his tunes.

C'est un type, ton père! "He's quite a character, is your father."

page 88. un dévouement indéfectible à la démocratie. A pompous phrase meaning "an indomitable devotion to the cause of democracy".

le sublime en politique, "high-sounding political attitudes."

il était sorti de son trou, "he had been around a bit."

page 89. Darquey n'aura pas trop de la journée, "Darquey will need the greater part of the day."

page 90. Un front construit, "A firm, high forehead."

Très famille, "High-faluting and family-conscious."

page 91. à peu de frais, "all too easily."

NOTES

page 92. La Vie du Père de Foucauld par René Bazin. René Bazin (1853–1932), a Catholic and traditionalist novelist, author of *Les Oberlé* (1901) and other works. His study of the "hermit of the Sahara" was originally published as *Charles de Foucauld, explorateur du Maroc, ermite du Sahara* in 1921. The Vicomte Charles Eugène de Foucauld (1858–1916) was a French cavalry officer who, after many adventurous years in North Africa and in the East, became ordained as a Catholic priest in 1901. He returned to North Africa as a missionary and lived in a remote part of the Hoggar mountains. He was assassinated by the Tuaregs at Tamanrasset in 1916.

page 93. le champ d'Argelouse. Champ is here used in the sense of "paddock", or open space close to the house.

CHAPTER VII (*page 94*)

page 94. Crois-tu que, bâti comme tu me vois, je suis anémique? "Would you believe that a great big chap like me could be anaemic?"
  devenir ce qu'ils sont, "become truly themselves."
page 96. La Petite Gironde. A Bordeaux newspaper and one of the chief dailies serving the whole area (1872–1944).

CHAPTER VIII (*page 100*)

page 100. que de fausses complications, des attitudes eussent retenu!, "who would have fallen all right for a lot of empty histrionics."
  ce n'était pas sa partie, "it just wasn't in her line."
page 101. le gâteau dénommé fougasse ou roumadjade. A thick, flat cake, made with a large quantity of eggs and usually baked on the hearth, well known in southern France (*fougasse* is a synonym of *fouace*).
page 103. ce n'est pas dans ses cordes, "it's not up her street."
page 106. Thérèse craignait de frapper Bernard, "Thérèse was afraid of alarming Bernard."
page 107. Balionte. A familiar way (pejorative or affectionate) of referring to Madame Balion.

CHAPTER IX (*page 109*)

page 110. c'était l'affaire Dreyfus qui recommençait. "Tante Clara", who holds rather caricatured free-thinking and republican views—and who, being deaf, has not understood the charges against Thérèse—is comically comparing the case with the famous and prolonged Dreyfus affair (1894–1906) of the turn of the century. The young Jewish officer

Alfred Dreyfus (1859–1935), wrongly accused of betraying military secrets to the Germans, was condemned to deportation by a military tribunal. The Left, led by such figures as the novelist Émile Zola, maintained his innocence and upheld the cause of justice; the Right, spurred on by an anti-Semitic campaign in the traditionalist and Catholic press, insisted that Dreyfus was guilty and defended the honour of the army. Although justice finally prevailed, the country had been split into two camps.

page 110. *il en restera toujours quelque chose,* "some of the mud is sure to stick."

emmurée vivante, "buried alive as she was."

page 112. *vous déjuger,* "go back on your statement."

Il n'y a pas prescription. According to French law, no action may be taken against the author of a crime once a period of ten years has elapsed. Bernard will therefore have a hold over Thérèse for the next ten years since, until this prescription or automatic pardon comes into force, he is free at any moment to re-open the case with fresh evidence.

page 114 *La vie de garçon a du bon,* "The bachelor's life has its compensations."

page 115. *avait si vite fait de juger son monde,* "was so quick at summing people up."

page 116. *tout de même on a beau dire: si elle avait cru en Dieu,* "still, no matter what they may say, it would have been better if only she had believed in God."

CHAPTER X (*page* 117)

page 118. *Cayenne.* There was formerly a penal settlement for political prisoners and major criminals at Cayenne, capital of French Guiana.

jouquet. See Note to Chapter III, page 62 (*palombière*).

page 120. *Mamiselle.* Dialectal form of *Mademoiselle*.

CHAPTER XI (*page* 121)

page 122. *Bernard l'entoure beaucoup,* "Bernard looks after her very well."

coiffé "en enfant d'Édouard". The reference is to the "little princes in the Tower", Edward V and his brother Richard, sons of Edward IV. In 1483 their uncle, the Regent Richard of Gloucester (soon to become Richard III) declared them to be of illegitimate birth, sequestered them in the Tower of London and had them assassinated. This expression has been popularized at once by the poet and playwright Casimir Delavigne (1793–1843) and by the painter Paul Delaroche (1797–1856). Casimir Delavigne's tragedy *Les Enfants d'Édouard* (1833) was dedicated to Delaroche, who had already painted a picture of the same name. *Les Enfants d'Édouard* (1831, the Louvre) is one of the best known paintings of Delaroche, who specialized in religious and historical themes and whose semi-classical, semi-romantic style, if not attractive today, won him great success. He presents the two frightened little princes (and an equally frightened little dog) in a bedchamber and both of them, although one is wearing a monogrammed cap, have long hair with a fringe. The expression *coiffé en enfant d'Édouard*, therefore, means this particular hair-style and is also suggestive of innocence.

page 123. *Beaulieu.* Beaulieu-sur-Mer, a seaside resort on the Côte d'Azur, a few miles east of Nice.

page 125. *Attends un peu que je te les change souvent!* "You won't catch me running around changing them."

feignantasse, "lazy good-for-nothing."

CHAPTER XII (*page* 128)

page 129. *collier de force.* A special collar, with sharp points on the inside, sometimes used in the training of pointers.

page 130. *cette image coloriée du Petit Parisien.* This picture is doubtless a reminiscence of Mauriac's own childhood. The newspaper *Le Petit Parisien* published a weekly *Supplément Littéraire Illustré* (1889–1903) which, in addition to poetry, short stories and a great many not very literary advertisements, carried particularly gaudy illustrations of *faits divers.* The *Séquestrée de Poitiers* was the central figure of one of the most celebrated criminal cases of the end of the century. A young girl of high social rank, undergoing mystical hallucinations, was taken to be mad by her mother and her brother and locked up for many years in a sealed room in which she lived in the utmost squalor. The mother died before she could be brought to trial and the brother, a former *sous-préfet*, was acquitted for lack of evidence.

page 132. *T'entends la sisique?* "Do you hear the ziz-ziz?"

page 133. *amasses,* "collections."

Ils le sentiront passer, "They won't forget it in a hurry."

CHAPTER XIII (*page* 136)

page 136. *café de la Paix*. The famous and fashionable café at the corner of the Place de l'Opéra and the Boulevard des Capucines.

page 137. *victoria*, "victoria." A light, low, four-wheeled carriage having a collapsible hood and a seat for two people, with a raised seat in front for the driver.

page 138. *pignadas*, "pine-forests."

qui ne s'en laisse pas conter, "who is not easily taken in."

Il avait reconquis son assiette, "He was firmly in the saddle once again."

page 139. *En voila des phrases!* "What a lot of doubletalk!"

page 141. *de ne pas s'en faire pour lui*, "not to worry on his account."

page 142. *Old England*. A fashionable tailor's shop in the Rue Auber, a few yards from the terrace of the Café de la Paix, where Thérèse has been sitting.

BRIEF CHRONOLOGY

Only essential dates and the more important of Mauriac's many publications are given.

1885   October 11th, birth of François Mauriac in Bordeaux.

1887   Death of his father, Jean-Paul Mauriac.

1897   Enters the École Grand-Lebrun, a Catholic secondary school.

1903   Takes *baccalauréat* and enters the Lycée, to spend one year there preparatory to becoming a student at the University of Bordeaux.

1906   (Trial of Madame Canaby.) Mauriac, having taken his *licence ès lettres*, leaves for Paris to study (briefly) at the École des Chartes.

1909   First volume of poetry: *Les Mains jointes*.

1913   First novel: *L'Enfant chargé de Chaînes*. Marries Mlle Jeanne Lafont.

1914   Outbreak of First World War. Mauriac spends two years as a hospital orderly in the *Services sanitaires*, falls ill at the end of March 1917 after four months at Salonika, and is invalided out.

1921   *Préséances*.

1922   *Le Baiser au Lépreux*.

1923   *Genitrix*.

1925   *Le Désert de l'Amour*: Grand Prix du Roman.

1927   *Thérèse Desqueyroux*.

1928   *Destins. La Vie de Jean Racine. Souffrances du Chrétien*.

1929   *Bonheur du Chrétien. Dieu et Mammon*.

1932   Serious illness. Elected President of the Société des Gens de Lettres. *Le Nœud de Vipères*.

1933   Election to the French Academy. *Le Mystère Frontenac*.

1934   First volume of journal: *Journal* I.

1935   *La Fin de la Nuit*.

1936   *La Vie de Jésus*.

1937   November 22nd, successful première at the Comédie-Française of first play: *Asmodée*.

1938   *Plongées*, a volume of stories including *Thérèse chez le Docteur* (1933) and *Thérèse à l'Hôtel* (1933).

1941   *La Pharisienne*.

1943   Under the transparent pseudonym of "Forez" Mauriac, who played an honourable part in the Resistance, publishes clandestinely *Le Cahier Noir*.

1945   *Les Mal Aimés*, play.

1951   *Le Sagouin*, novel.

1952   Nobel Prize for Literature: for the "penetrating analysis of the soul and the artistic intensity with which, through the medium of the novel, he has interpreted human life".

1954   *L'Agneau*, novel.

1959   *Mémoires intérieurs*.

1962   *Ce que je crois*.

1964   *De Gaulle*.

1965   *Nouveaux Mémoires intérieurs*.

1967   *Mémoires politiques*.

1969   *Un Adolescent d'autrefois*, novel.

SELECTIVE BIBLIOGRAPHY

CORMEAU, N. *L'Art de François Mauriac*. Paris, Grasset, 1951.

DU BOS, C. *François Mauriac et le Problème du Romancier catholique*. Paris, Corrêa, 1933.

FLOWER, J. E. *Intention and Achievement : the Novels of François Mauriac*. London, Oxford University Press, 1969.

HOURDIN, G. *Mauriac, Romancier chrétien*. Paris, Éditions du Temps présent, 1945.

JARRETT-KERR, M. *François Mauriac*. "Studies in Modern European Literature and Thought", Cambridge, Bowes & Bowes, 1954.

JENKINS, C. *Mauriac*. "Writers and Critics", London and Edinburgh, Oliver & Boyd, 1965.

MAJAULT, J. *Mauriac et l'Art du Roman*. Paris, Laffont, 1946.

MOLONEY, M. F. *François Mauriac*. Denver, Swallow, 1958.

NORTH, R. J. *Le Catholicisme dans l'Œuvre de François Mauriac*. Paris, Éditions du Conquistador, 1950.

'O'DONNELL, D.' (CONOR CRUISE O'BRIEN). In *Maria Cross*. London, Chatto & Windus, 1954 and Burns & Oates (paperback), 1963.

PALANTE, A. *Mauriac, le Roman et la Vie*. Paris, Le Portulan, 1946.

ROUSSEL, B. *Mauriac : le Péché et la Grâce*. Paris, Éditions du Centurion, 1964.

SARTRE, J.-P. In *Situations I*. Paris, Gallimard, 1947.

SIMON, P.-H. *Mauriac par lui-même*. Paris, Éditions du Seuil, 1953.